Caro Derksen
ÜberLeben

CARO DERKSEN

ÜBER Leben

With God through everything

betanien

1. Auflage 2020

© Carolyn Derksen, 2020
Herausgeber: Betanien Verlag e.K.
Imkerweg 38 · 32832 Augustdorf
www.betanien.de · info@betanien.de
Cover: Jasmin Neubauer, liebezurbibel.com
Foto: Maggy Melzer, Instagram @maggymelzer
Bildnachweise: Instagram @caro.derksen
Satz: Betanien Verlag
Herstellung: drusala.cz

ISBN 978-3-945716-41-0

Inhalt

Vorwort

Das Dasein hier auf der Erde ist nur ein kurzer Teil des eigentlichen Lebens. Wir leben hier mehr oder weniger ein paar Jahrzehnte, aber die Ewigkeit ist unvergleichlich länger. Ich will mich darauf vorbereiten, die Ewigkeit bei Jesus zu verbringen, dem Geber alles Guten. Ich möchte mit meinem Leben bezeugen, dass Jesus Christus für Menschen und für ihre vielen Sünden gestorben und wieder auferstanden ist.

Mein Leben war und ist immer noch sehr turbulent und trotzdem – oder gerade deshalb – glaube ich, dass Gott ganz unabhängig von der Situation, in der wir uns befinden, gut ist. Er steht über dem Leben und er hat alles in der Hand. Ich erzähle hier Gottes Geschichte mit mir, meinem Leben und meinem Überleben. Das ist vielleicht nicht immer leichte Kost, aber es lohnt sich. Du wirst sehen, dass ein Leben mit Gott sich lohnt und absolut und zu tausend Prozent Sinn macht.

Caro Derksen

Wer ich bin

Ich sitze in einem kalten, weißen Raum in der Klinik und die Ärzte sagen mir, dass die Transplantation meine letzte Chance ist. Mehr können sie nicht mehr für mich tun. Jetzt liegt es an mir zu entscheiden ob ich leben will …

Ich bin Caro, 20 Jahre alt, und mein Leben verlief bis jetzt ein wenig anders, als du denkst oder als man es erwartet. Das hier ist meine Geschichte. Die Geschichte einer jungen Frau, die anders aufwuchs als die meisten anderen in ihrem Alter. Es ist eine Geschichte, die noch nicht vollendet ist. Doch wer weiß, was noch kommt und was nicht. Es fällt mir nicht leicht, das alles in Worte zu fassen, was in meinem Kopf herumschwirrt. Denn es ist nicht so einfach, Wut, Trauer und Schmerz zu Papier zu bringen. Und es sind Puzzleteile, die man zusammenlegen muss, um ein fertiges Bild zu sehen.

Doch so ist das Leben wirklich: wie ein Puzzle. Einige Teile können fehlen, manche sind kaputt oder abgeranzt, vielleicht war das eine oder andere Teil auch mal in Tränen getränkt und ist jetzt nicht mehr glatt – aber dennoch wird das Bild am Ende auf seine Art und Weise perfekt und vollständig sein.

Ich bin noch sehr jung und ich sollte eigentlich vor Jungendlichkeit und Elan so sprühen. Doch das ist nicht so. Warum, das kann ich dir sagen, aber bist du bereit, es zu verstehen? Bist du bereit, dich darauf einzulassen? Deinen Blickwinkel zu ändern? Wenn ja, dann lies weiter, wenn nicht, dann lass es oder lies trotzdem – denn wer weiß, was passiert.

Wie alles begann

So wie es aussieht, hast du dich dazu entschieden weiterzulesen, und ich hoffe, du wirst nicht enttäuscht. Du solltest dich bereit machen, ein Leben voller Freude, Leid und Hoffnung kennenzulernen. Und zu begreifen, dass Gott über dem Leben steht.

Hier liege ich nun als ungeborenes Baby unter dem Herzen meiner liebenden Mutter und habe das Gefühl, die Luft bleibt mir weg. Momentan verstehe ich gar nichts mehr; alles dreht sich um mich herum. Wieso schieben da draußen alle so viel Stress? Ich verstehe nichts von dem, was um mich her passiert. Und wie das alles enden wird, weiß ich auch nicht, aber ich bin gespannt auf das, was kommen wird.

Ich bin im Februar 2000 als drittes von fünf Kindern auf die Welt gekommen. Heute bin ich aber das erste Kind meiner Eltern. Der Grund dafür ist, dass meine zwei älteren Geschwister, Andy und Angela, gestorben sind, bevor ich geboren wurde. Die kleinen Herzen in ihren so zierlichen und kleinen Körpern schlugen nicht lange. Als ihre Lungen versagten, versagten auch ihre kleinen unschuldigen Herzen. Es ist schwer für mich, daran zu denken und vor allem zu überlegen, was meine Eltern durchgemacht haben. Ich bin traurig, keine älteren Geschwister zu haben und selbst die Älteste zu sein. Das hat nicht wirklich immer nur Vorteile. Und ich vermisse meine älteren Geschwister auch irgendwie, obwohl ich sie nie kennenlernen konnte.

Meine Geschwister leben noch, da bin ich mir sicher, in der Ewigkeit bei Gott, unserem himmlischen, meinem himmlischen Vater. Sie haben es gut! Und irgendwann, wenn ich nicht mehr auf der Erde lebe, werde ich dort sein, wo sie sind, und es genauso gut haben wie sie und ihnen endlich begegnen. Ich bin so glücklich und es erfüllt mich mit großer Dankbarkeit, dass ich so reden darf und dass es für mich Normalität ist, von einem Himmel in Gottes großer Herrlichkeit zu sprechen und daran glauben zu dürfen, dass es einen Ort gibt, wo ich irgendwann gesund sein darf, komplett gesund und lebendig.

Mein Leben war schon von Anfang an schwierig und sehr angsteinflößend. Würde es noch mal von vorn beginnen und ich würde bereits alles wissen, weiß ich nicht, ob ich den Mut hätte zu kämpfen. Zurzeit ist das Leben schwer, aber es wird einfacher, irgendwann eben!

Es fing eigentlich alles schon an, als meine Mama mit mir schwanger war. Zuerst war es eine gewöhnliche Schwangerschaft, bis zum vierten Monat. Dann hieß es: Risiko! Das Risiko mich zu verlieren. Meine Mutter musste sich einige Monate lang schonen und nur noch liegen.

Auch für meinen Dad war diese Situation nicht besonders einfach. Neben seinen sonstigen Tätigkeiten und seinem Job musste er auch noch den kompletten

Haushalt schmeißen, wozu auch Wäsche waschen und bügeln gehörte. Er tat es wirklich gut und gerne, was nicht heißt, dass er nicht auch mal ziemlich überfordert gewesen wäre.

Meine Mama wollte natürlich auch etwas machen und helfen, aber sich anzustrengen war keine Option, weil sie ihr ungeborenes Kind schon liebte, bevor sie es kannte. Und genau aus diesem Grund gingen sie und mein Dad diese Einschränkungen ein. Ich bin meinen Eltern so dankbar, dass sie diese Situation so ernst genommen haben und meine Mama sich genug geschont hat, dass ich lebendig das Licht dieser Welt erblicken konnte, wo mich die Liebe meiner wunderbaren Familie empfangen hat. Ich habe diese bedingungslose Liebe gespürt und auch die Gnade Gottes und seine gütige Hand. Zur Ehre Gottes kann ich sagen, dass ich das und alles, was dann noch kam, überlebt habe.

Meine Kindheit

Eigentlich hatte ich eine sehr glückliche und erfüllte Kindheit. Ich hatte Klavierunterricht, traf mich mit Freunden, lief draußen herum und unternahm auch einiges mit meiner Familie. Ich machte Dummheiten wie alle Kinder, z. B. zog ich an einem Wasserkocher mit kochendem Wasser, wobei er umkippte und das siedende Wasser mir am ganzen Körper Verbrennungen zufügte. Anschließend musste ich eine Zeit im Krankenhaus verbringen.

Ein anderes Mal schluckte ich eine Metallkugel runter, die zum Glück keine Schäden verursachte. Oder ich schnitt mir vorne schief und krumm meine Haare ab.

Die Zeiten eines unbeschwerten Kindes waren aber auch immer wieder durchzogen von Schatten der Krankheit, von Tränen, Leid und Schmerz. Immer wieder lag ich wegen Blutvergiftungen, Lungenentzündungen und anderen Infekten im Krankenhaus. Ich kann mich an den ersten Krankenhausaufenthalt gar nicht mehr erinnern und auch die Erinnerungen an die vielen anderen Zeiten im Krankenhaus verblassen. Zum Kinderarzt musste ich auch recht häufig, manchmal sogar viel zu oft. Meine Mama hatte verständlicherweise von Ärzten die Nase gestrichen voll.

Durch die ganzen Krankheitsgeschichten und Krankenhausaufenthalte wurde ich charakterlich und geistig sehr früh reif, da ich mich mit anderen Themen als die meisten in meinem Alter auseinandersetzen musste. Und so bekam ich sehr viel Probleme mit Freunden, was mir sehr zu schaffen machte. Trotzdem spielte ich viel mit meinen Geschwistern und genoss jede einzelne Minute, um mit ihnen Barbie, Polly Pocket oder Lego zu spielen. Ich bin so froh, dass ich ohne Fernsehen aufwachsen durfte. Nach draußen zu gehen bedeutete für mich pure Freude. Dort spielte ich auch gerne mit den Kindern aus meiner Nachbarschaft. Die schönen Momente aus meiner Kindheit waren nicht immer von Dauer, aber diese Zeiten werde ich nie vergessen.

Doch dann, noch im Vorschulalter, nahmen die ganzen Infekte kein Ende. Immer öfter lag ich in der Kinderklinik in meiner Heimatstadt Detmold, wo ich mit der Zeit ein sehr bekanntes Gesicht wurde. Immer, wenn ich dort war wurde ich sehr lieb empfangen, was mir als kleines Kind die Aufenthalte sehr versüßte. Auch die kleinen Geschenke, die ich bekam, wenn mich die Familie besuchte, machten es immer ein wenig besser. Meine beiden Schwestern waren sogar etwas neidisch, wollten auch Geschenke und wünschten sich deshalb, auch mal im Krankenhaus zu liegen. So sind Kinder eben. Heute lachen wir darüber und die beiden sind glücklich, dass ihnen das erspart geblieben ist.

Wie oft ich im Krankenhaus war, konnte ich schon gar nicht mehr zählen. Anfangs zählte ich noch mit, aber nach 16 Mal im Krankenhaus hörte ich auf zu zählen. Ich fragte mich, was los ist, wieso ich mich immer wieder doof und schlapp fühlte, wieso ich immer wieder gepiekt werden musste und Medikamente durch einen Schlauch in meinen Arm bekam. Ich verstand gar nichts und war einfach überfordert mit der Situation und den Schmerzen, die das Ganze verursachte. Meinen Arm nicht zu beugen, um zu verhindern, dass das Gerät Alarm schlug und ununterbrochen laut zu piepen begann, war für mich als kleines Kind super anstrengend und hinderte mich, mich vernünftig zu bewegen. Das hat mich noch viel kränker fühlen lassen, als ich es ohnehin schon war.

Häufig freundete ich mich mit meinen Zimmergenossinnen an, um mich nicht so allein zu fühlen. Wer schon mal im Krankenhaus war, weiß, dass man sich dort sehr schnell einsam fühlen kann. Ich bekam dann auch einen Mp3-Player von meinen Eltern, um im Krankenhaus auch mal die Musik von zu Hause und Geschichten wie »Die 3 vom Ast« hören zu können und nicht so viel Langeweile haben zu müssen.

Allein im Krankenhaus zu schlafen, war für mich als kleines Kind einfach schrecklich. Dort lag ich dann verloren in einem großen Bett, das nicht meins war, unter einer Bettdecke, die sich komisch anfühlte, auf einem viel zu hartem Kopfkissen, in einem großen, weißen, kalten Zimmer mit hohen Decken und komischen Bildern an den Wänden und wollte einfach immer nur schnell zurück nach Hause zu meinem Papa und meiner Mama. Auch meine zwei Schwestern vermisste ich sehr und war immer sehr niedergeschlagen, wenn sie nicht dabei waren, wenn meine Eltern mich besuchten. Wenn die beiden aber da waren, war die Freude groß und wir machten nur Unsinn. Ich erinnere mich so gern daran, wie unbeschwert ich mich fühlte, wenn ich die beiden um mich hatte!

Krankenhausaufenthalte hin oder her, irgendwann sollte man nicht nur die Symptome meines Krankseins bekämpfen, sondern auch die Ursache herausfinden. Die Ärzte begannen sich natürlich zu fragen, was eigentlich der Grund für meine ständigen Infektionen sein könnte und woran das wohl liegen würde. Ebenso war es für meine Eltern immer eine große Herausforderung und Sorge, so oft an meinem Krankenbett zu stehen, nicht zu wissen, was mit ihrem Kind los ist und zu befürchten, auch noch ihr drittes Kind verlieren zu müssen. Ich hatte zu dieser Zeit immer Angst zu sterben und meinen Eltern wieder Kummer zu bereiten. Denn ich wusste, dass der Tod eine schreckliche Sache für die Familie ist, auch wenn ich bis dahin noch selbst keinen Todesfall erlebt hatte. Alles lag in Gottes Hand. Doch auch mit dieser Gewissheit war die Angst trotzdem da.

Schlussendlich machte dann ein Doktor der Klinik im Jahr 2009 die entscheidende Untersuchung, eine Knochenmarkpunktion. Eine Knochenmarkpunktion ist eine Untersuchung der Knochenflüssigkeit im Kern des Hüftknochens und wird unter einer leichten Narkose durchgeführt. Eine ganz feine, dünne Nadel wird verwendet, um an die Flüssigkeit im Knochenmark ranzukommen. Das ist eine unvorstellbar schmerzhafte Prozedur, die seitdem mehrmals jährlich wiederholt werden musste und mir bis heute jedes Mal aufs Neue Angst und Schmerzen bereitet.

Nach meiner ersten Knochenmarkpunktion 2009 warteten wir ungeduldig auf die Ergebnisse. Das Ergebnis ließ eine gefühlte Ewigkeit auf sich warten. Eine große Ungewissheit machte sich breit, bis das Ergebnis nach etwa einem Monat endlich da war. Diese Untersuchung hatte einige Erkenntnisse geliefert, verschaffte erstmals einen Durchbruch und half beim Durchblicken der Lage. Die Diagnose lautete: schwere chronische Neutropenie. Das will ich einmal kurz und grob erklären. Kurz und grob, weil es einfach super schwierig ist, diese Krankheit zu verstehen und ich es damals mit 9 Jahren auch wirklich gar nicht verstehen konnte. Eine Neutropenie ist eine Schwäche des Immunsystems, die darauf beruht, dass man zu wenige einer wichtigen Art von weißen Blutkörperchen hat, die für die Immunabwehr zuständig sind. Das heißt einfach gesagt, dass ich ein schwaches Abwehrsystem habe, und das wiederrum erklärte dann auch die ständigen Infekte.

Soweit, so gut – eine Diagnose ist ja nicht alles. In der Regel folgt als Konsequenz darauf eine Behandlung, was auch bei mir der Fall war. Die Behandlung für mich persönlich war, dass ich ein Medikament brauchte, das man sich aber nur durch Spritzen verabreichen kann. Und das bedeutete, dass ich mir regelmäßig selbst Spritzen geben musste, und das schon als Kind von nicht einmal 10 Jahren. Das war ein großer Schock für mein kleines kindliches Ich und eine Situation, die anfangs sehr überfordernd war. Meine erste Aussage war seltsamerweise, dass ich »dann ja nicht mal mehr auf Partys gehen kann«. Ich frage mich bis heute, warum ich das gesagt habe. Aber vielleicht ist es gut, dass das damals meine einzige Sorge war. Es sollte sich nämlich herausstellen, dass es noch viel kniffliger und schwieriger werden sollte, als nur »keine Partys« und als es bis jetzt schon war. Ich stand als kleines Mädchen vor dem großen Unbekannten und mir war nicht bewusst, was genau sich durch diese Krankheit namens Neutropenie entwickeln kann, wie sehr sie mein Leben prägen und wie viel ich noch lernen würde.

Das Leben mit Neutropenie

Das Leben nach der Diagnose verlief zunächst einigermaßen wie gewohnt, mit Ausnahme der Tatsache, dass ich mir täglich selbst Spritzen geben musste, was immer wieder große Überwindung kostete. Die ersten Stiche waren am schmerzhaftesten und immer wieder kam es dazu, dass ich in Tränen ausbrach.

Als ich aus dem Krankenhaus kam, hat mein Papi mich immer gespritzt, weil ich es mich nicht so wirklich traute. Immer, wenn er mich spritze, brach ich in Gelächter aus, um den Schmerz und meine Tränen zu überspielen. Daraus entstanden dann immer lustige Momente, wo einfach jeder im Raum mitlachen musste. Meine Mama konnte aber nie dabei sein, wenn ich mich gespritzt habe oder ich gespritzt wurde. Sie konnte es einfach nicht mit ansehen und es hat ihr ein Stück weit auch selbst weh getan, mich so zu sehen.

Anfangs habe ich die Spritzen noch in die Oberschenkel gesetzt, bis ich schreckliche Schmerzen bekam, weil meine Oberschenkel steinhart wurden und ich kaum noch gehen konnte, ohne bei jedem Schritt Schmerzen zu haben. Ich entschied mich dann dafür, ins Bauchfett zu spritzen, was weniger schmerzhaft und auch eine »gute« Option war.

Mit der Zeit wurde es einfacher und ich spürte den Schmerz beim Stechen kaum noch. Mein Bauch war zwar immer übersät mit blauen Flecken, aber solange ich nicht schwimmen ging, störte mich das nicht. Ich ging – soweit es möglich war – normal zur Schule wie die anderen Kinder auch, war zwar noch öfter mal krank, aber durch die Medikamentengabe hatte sich meine Gesundheit sichtlich verbessert.

Obwohl ich die Empfehlung hatte, das Gymnasium zu besuchen, entschieden meine Eltern und ich uns für die Gesamtschule der christlichen August-Hermann-Francke-Schule in Detmold, da ich doch noch häufiger fehlte als die anderen und der Stoff im Gymnasium für mich schwieriger nachzuholen gewesen wäre. Erst war ich traurig, da meine damals beste Freundin aufs Gymnasium ging und wir dann nicht mehr in einer Klasse sein würden, aber heute finde ich diese Entscheidung perfekt, weil ich auf dem Gymnasium echt nicht weit gekommen wäre.

Die meiste Zeit verdrängte ich die Tatsache, dass ich krank bin, bis ich so alt war, dass ich langsam verstand, was eigentlich wirklich los ist. Etwa in der 5. oder 6. Klasse fingen die Probleme erst richtig an. Ich selbst wusste nicht so recht, wie ich mit der Krankheit und allem, was sie so mit sich brachte, umgehen sollte, und mein Umfeld verstand das noch viel weniger. Weil die Menschen es nicht verstanden und ich nicht sichtbar krank war, begannen sie, über mich zu urteilen, falsche Anschuldigungen aufzustellen und mich anders zu behandeln – manchmal viel zu nett, aber auch oft auch unfassbar gemein. Öfter fielen Sätze wie: »Du willst doch nur Aufmerksamkeit!«, oder: »Du tust doch nur so!« Diese Worte waren für mich wie Messerstiche direkt in mein Herz. Ich konnte nicht verstehen, warum Menschen so handeln und reden. Ich war noch sehr jung und wurde damit konfrontiert, dass ich einfach anders bin und nicht dazu gehöre. Innerlich war ich zutiefst verletzt und zerbrochen, was mir damals aber überhaupt nicht bewusst war. Ich war einfach nur unsagbar traurig und sehr geknickt. Heute weiß ich, dass die Menschen es nicht anders wussten und ich habe ihnen verziehen. Denn wie könnte ich ihnen nicht vergeben, wo Gott mir doch auch alles vergibt, was ich in meinem kurzen Leben so fabriziert habe!

Das Einzige, was ich aber doch wollte, war ein normales Leben zu führen und all die Dinge tun zu können, die die Kids und Teens in meinem Alter auch taten. Doch ich hatte das Gefühl, dass mich niemand verstand und mich vielleicht auch niemand so wirklich verstehen konnte. Mobbing und blödes unnötiges Gerede waren Normalität für mich geworden. Nicht selten stand ich ganz ohne Freunde da und saß in den Pausen in meiner Schule mit meiner Bibel irgendwo in einer Ecke und habe so meine Zeit mit Gott verbracht. Das war zwar absolut keine verschwendete Zeit, doch hatte ich mir trotzdem immer so sehr wahre Freunde gewünscht. Aber durch meine Verlustängste habe ich dann schnell geklammert, was meine Altersgenossen wiederrum verschreckt hat. Die menschliche Welt war zeitweise wirklich unerträglich, in Gottes Welt aber fühlte ich mich geliebt, verstanden und zu Hause, und auch in meinem irdischen Zuhause bei meiner Familie fand ich immer Halt und Trost.

Mit der Zeit folgten doch wieder immer häufigere Krankenhausaufenthalte. Mehr Stiche, mehr Schmerzen und mehr Kummer. Mehr Verzicht auf Dinge, die ich liebte. Schwäche und Müdigkeit und zu all dem noch eine weitere Krankheit: Asthma, das mich in der Schulzeit vor allem im Sport belastete und mir immer wieder Krankenwagenfahrten bescherte, wenn ich im Sportunterricht kollabierte und ein Krankenwagen gerufen wurde, der mich zur ambulanten Behandlung ins Krankenhaus brachte. All das war sehr viel für mich und auch nicht gerade einfach für meine Mitmenschen. Und so verlor ich für mich sehr wichtige Menschen.

Ich hatte trotzdem noch Leute, die mich liebten und für mich da waren, aber innerlich wurde ich immer einsamer und trauriger. Ich wusste auch, dass ich mich auf Gott verlassen konnte, aber mit der Zeit kam der Punkt, an dem ich anfing Gott anzuklagen und ihn für alles verantwortlich zu machen. Ich verstand nicht, warum gerade ich krank war und warum gerade ich leiden musste. Um ehrlich zu sein, war diese Denkweise absolut egoistisch, denn Gesundheit ist in dieser sündigen Welt kein Grundrecht, sondern ein Geschenk. Ich bin so froh, dass ich die Dinge heute anders sehe und meine Sichtweise sich so geändert hat, aber dazu komme ich später.

Als mir irgendwann alles zu viel wurde, fing ich an zu verdrängen, alles von mir wegzuschieben und es einfach zu akzeptieren. Ich wurde älter und dachte, nun kann ich Gottes Pläne verstehen. Wenn Leid und Sorgen über mich kamen, habe ich mich Gott so unendlich nah gefühlt. Da ich so gut wie immer in Isolationszimmern lag, also Einzelzimmern, damit ich vor Bakterien und Viren geschützt war, fühlte ich mich häufig allein. So fing ich an, einfach laut mit Gott zu sprechen und ihm alles zu sagen. Ich baute sozusagen eine Beziehung zu ihm auf und fing an, mir seiner Liebe sehr bewusst zu werden.

Ich hatte mich mit 7 Jahren bekehrt und mit 16 Jahren, 9 Jahre später, wurde mir Gottes Liebe so richtig klar. So ließ ich mich an Pfingsten 2016 taufen. Ich tat diesen Schritt aus tiefer Liebe zu meinem Gott, aber leider nicht nur, sondern auch aus Angst zu sterben, ohne getauft zu sein, denn das war mir unglaublich wichtig.

Dennoch war meine Taufe sehr gesegnet. Denn zum Zeitpunkt der Taufe hatte ich wirklich sehr schlechte Blutwerte bezüglich meiner Immunabwehr und konnte mir von jedem Schnupfen und jedem Virus eine Lungenentzündung, Blutvergiftung oder Ähnliches einfangen. Ich musste einen Mundschutz tragen, um mich vor Bakterien und Viren zu schützen. Das bescherte mir häufig sehr unangenehme, aufdringliche und neugierige Blicke, die ich aber mit der Zeit gut auszublenden lernte. Zur Taufe habe ich den Mundschutz dann abgesetzt; es wäre ja irgendwie unpraktisch gewesen, mit einer Maske unter Wasser getaucht zu werden. Wir haben so sehr gebetet, dass ich gesund bleibe. Und tatsächlich – Gott die Ehre – habe ich diesen Tag und die folgenden Tage gesund erleben dürfen.

Da sich zu dieser Zeit gesundheitlich vieles verschlechterte und die Therapie mit den Spritzen nicht mehr ausreichte, probierten die Ärzte neue Behandlungen, unerforschte Präparate und Zusammensetzungen an mir aus. Das löste eine große Ungewissheit und Unruhe aus und auch ein inneres Chaos. Irgendwie lief alles schief. Eines der Präparate war ein leichtes Chemotherapie-Medikament. Chemotherapie-Medikamente sind Substanzen, die Zellen im Körper abtöten oder hemmen. Aber leider nicht nur gezielt kranke und bösartige Zellen, sondern sie greifen einfach alle Zellen an. Das führt häufig zu Haarausfall, und das war auch bei mir der Fall. Meine Haare fielen zwar nicht komplett aus, aber sie wurden sehr dünn. Da ich sehr lange Haare hatte, flogen bald überall lose lange Haare herum. Deshalb entschied ich mich, sie auf eine kurze Länge abzuschneiden.

Obwohl ich diese Therapie etwas länger ausprobierte, war sie nicht erfolgreich. Versuch Nummer drei – eine Kombination aus dem Medikament, das ich spritzen musste, und einem anderen Medikament – ist dann geglückt, so dass mich das Ganze gerade so über Wasser hielt.

Die gesundheitliche Verschlechterung brachte trotz der Therapie auch neue Beschwerden mit sich, unter anderem schwankende Blutspiegel (Leukozyten-Werte etc.), die wegen eines Medikaments immer wieder gemessen werden mussten. Zwei Jahre lang musste ich fast ununterbrochen jeden Montag zur Blutentnahme. Steigende Blutfette, Wassereinlagerungen und sehr starke Knochenschmerzen (unter anderem wegen Cortison-Einnahme) waren auch mit von der Partie.

Das Schlimmste aber waren die Knötchen, die sich unter der Haut bildeten und größtenteils an den Beinen und am Bauch auftauchten und noch mehr Schmerzen verursachten. In der Fachsprache nennt sich das Erythema nodosum oder »Knotenrose«, eine Entzündung des Unterhautfettgewebes. Das klingt nicht nur für euch schwer verständlich, auch für mich war das alles verwirrend und super schwer zu verstehen.

Da ich aufgrund dieser Beschwerden öfter in der Schule fehlte, schaffte ich meinen Abschluss nach der zehnten Klasse nicht und musste dann die Klasse wiederholen. Das war für mich wie ein unfassbar schlimmer Rückschlag und hat mich sehr gedemütigt und meinen Stolz verletzt. Heute sehe ich das definitiv nicht mehr so, denn durch diesen Schritt bekam ich die Chance, für mich unglaublich wertvolle Menschen kennen zu lernen. Gottes Wege sind unergründlich, das musste ich mir häufig eingestehen.

Der nächste Schlag und damit ein großes Tief in meinem Leben kam am 23. 12. 2016, als mein Opa, mein großes Vorbild im Glauben, mit 93 Jahren verstarb. Meine Welt brach zusammen, denn ich habe meinen Opa sehr geliebt. Aber ich weiß, dass ich ihn im Himmel wiedersehen werde. Er war ein lebendes Beispiel für einen treuen Nachfolger Jesu. Ich habe den Eindruck, dass mein Opa nie ein böses Wort verloren hat. Alles, was er sagte, war so freundlich und voller Liebe. Er spielte mit mir als Kind, holte mich nach der Schule von der Haltestelle ab und trug meinen schweren Schulranzen.

Mein Opa war neben meinem Papa der fleißigste Mann, den ich kannte. Mit 90 Jahren hackte er noch Holz. Er ging regelmäßig spazieren, aber vor allem las er jeden Tag regelmäßig in der Bibel. Was uns am meisten Spaß machte, war mit ihm in seiner Werkstatt rumzuwerkeln. Er war sehr begabt – im Gegensatz zu mir – und trotzdem sagte er immer, dass das, was ich gebastelt hatte, toll aussieht, und gab mir noch einige seiner schlauen Tipps. Mein Opi, wie ich ihn immer liebevoll nannte, war auch sehr erfinderisch: Er baute uns eine Schaukel, eine eigene Wippe, eine Turnstange und er half uns bei unserem Projekt »ein Häuschen im Garten bauen«.

Als er etwa 90 Jahre alt war, wurde Blutkrebs bei ihm diagnostiziert und die letzten drei Jahre seines Lebens litt er sehr unter dieser Krankheit. Bestrahlungen und andere Behandlungen machten es ein wenig erträglicher für ihn. Am Abend vor seinem Tod sangen wir als Familie noch Lieder für ihn, darunter auch sein Lieblingslied »Mein Gott und ich«. Hier ein paar Zeilen aus diesem alten, aber wunderbaren Lied:

Mein Gott und ich, wir wandeln hier zusammen,
in Freud und Leid wie Freunde es nur tun.
[…]
Wenn ich dereinst mein Pilgerlauf beendet,
wenn all mein Werk vollendet hier wird sein,
dann weiß ich: Droben ist ein Heim bereitet,
wo mich mein Gott will ewiglich erfreun.

An jenem Abend flossen viele Tränen, während wir an seinem Bett standen und sangen. Man spürte, dass es mit ihm zu Ende geht. Seine letzten Stunden lag er friedlich in seinem Bett, meine Schwestern und ich schliefen dort bei ihm und meinen Tanten (seinen zwei Töchtern, mit denen er zusammenwohnte), weil wir dabei sein wollten, wenn er zu Gott, unserem Vater, in den Himmel geht.

Als er seine letzten friedlichen Atemzüge machte, war er bereits in einem komaähnlichen Zustand. Als es soweit war, standen wir alle still um sein Bett herum und uns liefen Tränen über die Wangen. Aber es war okay. Er hatte so lange gelebt, Kriege miterlebt, war dabei fast verhungert, hatte seine Frau ziemlich früh verloren und eigentlich nur für Gott und seine Familie gelebt. Wir gönnten ihm ewigen Frieden und Glückseligkeit. Er atmete noch einmal ein und aus und dann ist er hinüber gegangen in die Herrlichkeit Gottes, wo er das schauen darf, was er geglaubt hat.

Ich vermisse meinen Opa sehr und denke häufig an ihn. Er ist mein großes Vorbild und wenn ich sterbe, will ich wie er auch eine gute Segensspur zurücklassen.

Verirrt und gefunden

Im Jahr 2017, etwa von August bis November, hatte ich eine Zeit der Rebellion. Mir kamen Gedanken wie: »Es ist unfair von Gott dich so leiden zu lassen. Siehst du nicht, wie gut es den anderen geht?« Oder »Gott hasst dich, deswegen bist du krank!« Man könnte meinen, der Teufel habe sie mir eingeflüstert. Solche furchtbaren Sätze quälten meinen Kopf und ließen mich nicht mehr los. So beschloss ich, für Gott nur noch Wut übrig zu haben. Ich wandte mich von Gott ab, um endlich ein großartiges Leben zu haben – zumindest wollte ich das zu dem Zeitpunkt. Und um meine eigenen Wege zu gehen, schmiss ich alles, was mir bisher wichtig war, über Bord.

Zu dem Zeitpunkt ging es mir körperlich relativ gut. Ich hatte selten Probleme und auch sonst fühlte sich alles ziemlich normal an, nur hatte meine Psyche durch die ganze schlimme Zeit Schaden genommen, da ich mich nie darum gekümmert und alles immer verdrängt hatte. Das nutzte der Teufel schamlos aus und griff mich genau dort an, wo ich am schwächsten war: in meinen Gedanken und in meiner Neugierde für neue Dinge. Mein Gewissen plagte mich, denn ich wusste: Was ich tat, war nicht richtig. Doch ich versuchte trotzig und mit aller Kraft dagegen anzukämpfen und mein schlechtes Gewissen irgendwo abzustellen und nicht wieder hervorzuholen. Ich fand mich in Situationen wieder, in denen ich niemals sein wollte. Ich fühlte mich elendig und dreckig, beschmutzt von der Sünde der Welt, in die ich mich freiwillig und vollkommen bewusst hineinbegeben hatte.

Ende November berührte Gott mein Herz in einem Gottesdienst, in dem es darum ging, dass Jesus gerade für Sünder gekommen und gestorben ist. Eigentlich hatte ich ja das Gefühl, dass ich durch meine ganzen Vergehen nicht mehr in der Lage war, zu Gott kommen zu dürfen. Doch Gott zeigte mir, wie groß seine Liebe für einen Sünder wie mich war. Jesus sagte: »Nicht die Gesunden brauchen einen Arzt, sondern die Kranken. Ich bin nicht gekommen, Gerechte zu rufen, sondern Sünder zur Buße« (Lukas 5,31-32). So kehrte ich um und machte die Beziehung zu ihm wieder neu fest. Ich fing an, für meine Krankheit und die nicht ganz so normale Situation, in der ich mich schon mein Leben lang befand, zu danken und nicht mehr für Heilung zu beten, sondern dafür, dass Gott mir zeigt, wozu die Krankheit in meinem Leben dient und wo er mich gebrauchen will. Ich wollte mich nicht mehr darauf fokussieren, was mein fleischliches Ich will, sondern wollte dem Willen Gottes folgen, denn sein Wille ist das Beste für mich. Wieso sollte ich auch etwas haben wollen, was er mir eigentlich nicht geben will? Er weiß doch, was gut für mich ist.

Heilung war aber natürlich in meinem ganzen Umfeld ein Thema. Es gab auch Menschen, die mich zu

Heilungsgottesdiensten und zu Heilungsritualen überreden wollten. Das habe ich abgelehnt, da Gott seinen Plan auch ohne menschliches Drumherum ausführen kann und wird. Und es muss nicht unbedingt körperliche Heilung sein, denn seelisches Heil ist um einiges wichtiger. Der Körper wird schließlich vergehen, wenn ich sterbe, aber meine Seele geht in die Ewigkeit ein. Zudem war ich überzeugt davon, dass Gott einen Plan hat, der die Krankheit miteinbezieht. Ohne die Krankheit wäre ich sicher nicht an den Punkt gekommen, wo ich jetzt bin.

Ich merkte, dass ich teilweise ziemlich motivationslos war und auch Gedächtnisprobleme hatte. Manches konnte ich mir einfach nicht mehr merken. Aber nun wuchs mein Vertrauen auf Gott, und das besserte die negativen Gefühle, die sich in mir angestaut hatten, allerdings nicht alle. Aufgrund der Empfehlung meiner Ärzte in der Kinderklinik Hannover hatte ich Anfang 2018 einen Termin bei einer Psychologin wegen meiner Konzentrationsschwäche und Zerstreutheit. Zu der Zeit war ich wirklich sehr vergesslich und unzuverlässig. Ich hatte gefühlt nirgendwo meinen Kopf dabei und wusste überhaupt nicht mehr, wie ich irgendetwas auf die Reihe bekommen sollte.

Der Termin bei der Psychologin war sehr anstrengend und nervenaufreibend. Sie machte einige Tests mit mir, um mein Gedächtnis und meine Konzentrationsfähigkeit zu überprüfen. Doch die Tests wurden zur Nebensache, als sie durch ein Gespräch und einen kleinen, eigentlich nebensächlichen Fragebogen starke Depressionen bei mir diagnostizierte. Ich wusste schon, dass etwas mit mir nicht stimmte und dass in meinem Kopf nicht alles rund lief, aber mit der Diagnose Depression konnte ich erstmal so absolut nichts anfangen. Es war wie ein Schlag vors Gesicht. Dass ich einige klare Symptome hatte, war mir auf jeden Fall bewusst, aber ich schämte mich für mein depressives Ich und meine traurige, für mich manchmal unverständliche Seite.

Zuerst verstand ich nicht, dass Depression eine Krankheit ist und nicht einfach nur schlechte Laune, traurige Gedanken und Motivationsmangel. Ich fing an, Therapeuten zu besuchen und durfte schnell feststellen, dass die Krankheit nichts ist, wofür ich mich schämen musste. Zeitgleich begann ich auch Texte zu schreiben, die aus meinem Innersten kamen und womit ich meinen Gefühlen Raum schaffen konnte. Einige davon findest du auch am Ende dieses Buches. Ich schrieb, wenn es mir gut ging, und auch wenn ich am Boden zerstört war. Das Schreiben half mir, meine Gefühle und das Chaos in mir besser zu verarbeiten und zu verstehen. Gott hat mir dadurch vieles deutlich gemacht und mir wurde beim Schreiben jedes Mal vieles klarer. Wenn du die Texte liest, wirst du vielleicht verstehen, wie ich mich fühlte und wie meine Gedanken waren.

Das Schreiben spielte schon immer eine große Rolle in meinem Leben. Ich schrieb Gedichte und Lieder für andere und auch für mich und ich träumte damals immer davon, mal ein Buch zu schreiben. Ich kann es noch gar nicht glauben, dass ich nun tatsächlich hier sitze und ein Buch über Gottes Herrlichkeit in meinem kleinen Leben schreibe!

Nach und nach wurde Gott immer mehr der Mittelpunkt meines Lebens und er trug mich durch die Täler, in die mich meine Gedanken und Lebenssituationen brachten, hindurch.

Um mich abzureagieren und mich selbst wieder zu spüren, versuchte ich alles Mögliche, darunter auch Dinge, auf die ich nicht stolz bin und die definitiv nicht zur Heilung meiner Seele geführt haben. Meine Selbstverletzung war der schlimmste Teil dieser Zeit und ich bin dankbar und erleichtert, dass Gott mich auch davon frei gemacht hat –, dass er mich davon befreit hat, mir selbst große Schmerzen hinzuzufügen. Ich wollte zu dem Zeitpunkt, mit 17-18 Jahren, nicht mehr leben und hatte das Gefühl, dass es nicht mehr geht, dass mir die Kraft fehlt, weiterzumachen. Doch immer wieder, wenn meine Kraft ausging, war Gottes Hand da. Seine Kraft half mir jeden Tag aufs Neue zu kämpfen.

Doch das nächste große Tief kam dann im Sommer 2018. Eine sehr gute Freundin, die ich über meine Ärzte kennen gelernt hatte, war plötzlich verstorben. Sie hatte dieselbe Krankheit wie ich, Neutropenie, die sich aber zu einer Leukämie entwickelt hatte. Ihr Tod zog mir den Boden unter meinen Füßen weg. Ich fühlte mich, als würde ich im Nichts schweben. Es fühlte sich so falsch an, dass sie nicht mehr da war und ich noch lebte. Ich vermisste sie und unsere Gespräche. Sie war die Person, die mich am besten verstand, weil wir das gleiche Leid teilten. Sie hatte immer gekämpft und nie aufgegeben. Sie wollte leben und ich hasste mich dafür, dass ich nicht mehr leben wollte und aufgehört hatte zu kämpfen, obwohl ich die Chance dazu hatte. Ihren Tod konnte ich schwer verkraften und habe mich sehr darin verloren. Vielleicht habe ich sie auch beneidet, dass sie jetzt bei Gott ist, all das Leid hinter sich lassen konnte und endlich für immer gesund war. Ich war nur froh zu wissen, dass sie ein Kind Gottes war und ich sie sicher wiedersehen werde, aber ich verlor meine Freundin – und das war sehr hart. Ich weinte viele Tränen, ich weinte bitterlich um sie und ich weinte, weil ich mich nun so alleine fühlte. Es tat mir im Herzen weh und es schmerzt mich auch heute noch.

Wegen ihres Todes ging es mir gar nicht gut. Nach Zusammenbrüchen und weiteren Gesprächen mit Psychologen ging ich aufgrund der Empfehlung einer Psychologin dann im Oktober 2018 in eine psychosomatische Klinik. Die Zeit dort empfand ich als sehr gesegnet, denn ich lernte dort Menschen kennen, denen es genauso ging wie mir und die mich verstehen konnten. Einige sind mir sehr ans Herz gewachsen und mit ihnen stehe ich bis heute noch in Kontakt. Wir unterstützen uns gegenseitig mit Rat und im Gebet, wofür ich sehr dankbar bin. Die Methoden, die dort angewandt wurden, haben mir ehrlich gesagt nicht so viel gebracht; trotzdem durfte ich lernen, wie ich mich in Situationen verhalte, die mich psychisch ausknocken oder mir zu viel abverlangen.

Die Diagnose

Solange ich mich um mein seelisches und psychisches Wohl kümmerte und versuchte psychisch stabiler zu werden, verschlimmerte sich meine körperliche Gesundheit sehr und es ging nur noch bergab, weil ich die körperliche Gesundheit vernachlässigte. Unzählige Krankenhausaufenthalte folgten wieder. Immer und immer wieder hatte ich grundlos Fieber und mir ging es schlecht. Jedes Mal Tasche packen, Kleidung raussuchen, Schreibzeug und Bücher nicht vergessen und vor allem meine Bibel und dann ab ins Krankenhaus. Ich musste immer in die Spezialklinik in Hannover, nur ein paar Mal war ich im Krankenhaus an einem Wohnort.

Nach Hannover waren es anderthalb Stunden Autobahnfahrt. Einmal sind mein Dad und ich auf dem Weg zur Uniklinik in Hannover in so einen heftigen Stau geraten, dass ich es gar nicht mehr zu meinem Termin geschafft habe. Wir standen insgesamt siebeneinhalb Stunden im Stau. Seit diesem Erlebnis habe ich panische Angst, wenn wir mal wieder im Stau stehen.

Aber Gott hat uns unterwegs ganz oft bewahrt. Meine Mama und ich wurden einmal auf der Autobahn fast von einem LKW zerquetscht, der die Kontrolle verloren hatte. Und ich bin jedes Mal dankbar, dass wir nicht der Grund für den Stau sind und ohne Unfall ankommen.

Vor jeder Fahrt baten wir Gott um Segen und um einen Parkplatz, denn Parkplätze sind an der Medizinischen Hochschule Hannover eine Rarität. Und jedes Mal sahen wir, dass er einfach immer über uns wacht. Er gab uns oftmals an so unmöglichen Orten und zu so unmöglichen Zeiten einen unverhofften Parkplatz!

Die Krankenhausaufenthalte häuften sich dann wieder; ich ging auch nicht mehr in die Schule und saß nur zu Hause. Wenn es mir soweit okay ging, habe ich mit meiner Mama zusammen auf den Sohn von meinem Cousin Dan-Levi aufgepasst. Er war eine sehr große Bereicherung für meine Mutter und mich; er ließ uns für einige Momente die Sorgen des Lebens vergessen. Trotzdem war das Leben alles andere als leicht und mittlerweile wurden die Sorgen um mich groß. Bei allen Beteiligten gab es große Fragezeichen, was denn mit mir los ist. Die Ärzte waren ratlos und keiner wusste so richtig was mein Körper hat und wo die Ursachen der ständigen Komplikationen lagen. Mein Kinderarzt hatte damals zu mir gesagt, dass ich wohl einen sehr erfinderischen Körper habe. Dauernd ein Risiko, dass etwas nicht stimmt. Überlebenskämpfe in dem einen Krankenzimmer und dann schon wieder in dem nächsten. So eine Ungewissheit. Ich hatte das Gefühl, ich verliere mich in den Gedanken nach den Gründen. Und in den Tiefen des Todes. Mir wurde bewusst, dass ich sterben kann und irgendwann tatsächlich sterben werde – ob aufgrund der Krankheit, der Symptome oder auch ganz normaler Ursachen.

Das Bewusstsein, dass es jeder Zeit zu Ende sein kann, ließ mir die wichtigen Dinge wichtiger werden, wie die Beziehung zu Jesus und meine Familie. Trotzdem war das Gefühl, unwissend zu sein, alles andere als schön. Alles war so unerforscht – selbst für die Ärzte – und ein großes Rätsel. Ein Rätsel, das Gott nutzte, um mich zu formen.

Nach unzähligen Untersuchungen, Tests und Gesprächen und vor allem langer Zeit, die die unterschiedlichsten Ärzte an mir geforscht haben, kam dann endlich eine eindeutige und klare Diagnose: Ich habe einen Gendefekt mit dem Namen ADA2. Das ist eine extrem seltene Diagnose mit großen Unklarheiten und einer noch größeren Konsequenz, die mein Leben noch mehr verändern sollte, als es bisher sowieso schon der Fall war.

Transplantation

Die Konsequenz hieß Stammzellentransplantation. Das bedeutet, dass ich fremde Zellen von einer anderen, fremden Person bekommen musste, die diese Zellen extra für mich gespendet hat. Diese Zellen sollten dann mein neues Immunsystem bilden. Bei dem Spender würden die Zellen aus dem Blut gefiltert werden und ich würde sie dann wie bei einer Bluttransfusion über die Vene injiziert bekommen.

Um das Ganze durchzuführen, mussten einige Vorbereitungen getroffen werden, unter anderem eine Chemotherapie, um mein Knochenmark und damit mein eigenes Immunsystem und noch vieles mehr zu zerstören und Platz zu schaffen für die neuen Spenderzellen. Es fühlt sich heute noch so real an, wie ich an einem super kalten und grauen Dezembermorgen mit meinen Eltern in diesem Arztzimmer saß. Ich war sowieso schon nicht gut gelaunt, weil ich wusste, dass die Ärzte mir etwas mitteilen würden, dass man nicht mal eben am Telefon bespricht.

Jetzt sind wir dort angelangt, wo das Buch begann: bei der Aussage der Ärzte, dass es nur noch eine letzte Chance gäbe.

Kaum fielen die Worte, dass ich eine Stammzellentransplantation brauche und dass es keine andere Möglichkeit gibt, weil es sonst noch viel schlimmer werden würde und es quasi nur noch auf den Tod hinauslaufen könnte, war mit mir nichts mehr anzufangen. Die Welt um mich verschwamm und heiße Tränen flossen über mein Gesicht. Ich brachte kein Wort mehr über meine Lippen. Völlige Überforderung. Ich hatte nicht damit gerechnet, dass es so ernst um mich steht. Ich wollte diesen Schritt nicht gehen, diese Qualen nicht durchmachen müssen. Es war einfach zu viel. Wir sind aus dieser Sprechstunde gegangen und ich wusste immer noch nicht, was ich sagen sollte. Ich bin kein Mensch, dem es schnell die Sprache verschlägt, aber dieses Mal kam länger kein Wort mehr von mir. Ich war so in Gedanken und habe irgendwie gar nichts mehr verstanden.

Alle Leute, mit denen ich gesprochen habe, waren der Meinung, ich soll es machen. In dem Moment war mir die Meinung der anderen aber ganz egal. Ich dachte einfach nur: Wie können sie einfach sagen, ich solle die Transplantation machen, denn keiner wusste ja, was da auf mich zukommen würde.

Ich hatte solche Angst, und leider habe ich den Fehler gemacht, zuerst Menschen zu fragen anstatt Gott. Als ich mit Gott darüber gesprochen hatte, wurde mir klar, dass die Transplantation vielleicht ein Weg zur Heilung sein könnte. Meine Familie und Freunde fingen an, intensiv mit mir dafür zu beten. Tatsächlich bekam ich tiefen Frieden über die Transplantation, dass es Gottes Wille ist. Drei Tage vor Heiligabend 2018 entschied ich mich für diesen Schritt. Diese Entscheidung, die ich zusammen mit meinem Gott getroffen habe, teilte ich dann meiner Ärztin in Hannover mit, mit der wir in sehr engem Kontakt standen. Die Ärzte beschlossen, die Sache über Weihnachten und Silvester ruhen zu lassen und die nötigen Vorbereitungen im neuen Jahr zu treffen. Im Jahr 2019.

Die Zeit vor der Transplantation war sehr intensiv und nervenaufreibend. Die Voruntersuchungen waren schnell über die Bühne gebracht und nun hieß es warten. Warten auf den Termin – auf den Termin, der mein Leben verändern sollte. Ich versuchte das Leben auszukosten, soweit meine Gesundheit es erlaubte, bevor dieser Schritt der Transplantation auf mich zukam. Ich unternahm viel mit der Familie, Freunden und meinem Freund, mit dem ich zu der Zeit noch zusammen war. Wir gingen ins Kino, fuhren in den Heidepark Soltau und ich aß, soviel ich wollte und vor allem, was ich wollte. Ich wusste, dass Einschränkungen beim Essen noch eine große Rolle spielen würden und schöpfte alle Möglichkeiten aus, die ich hatte.

Doch ich war oft sehr gereizt, aufgeregt, nervös und ich hatte große Angst. Ich sprach viel mit Gott und bat ihn, mir meine Angst zu nehmen. Das tat er dann auch. Kaum war ich am 9. Mai 2019 im Krankenhaus angekommen, war die Angst verschwunden und Liebe und tiefer Frieden erfüllten mich. Es begann die intensivste und spannendste Zeit meines Lebens.

Da ich körperlich nicht in der Lage war, während der Transplantation ausführlich zu schreiben, weil es mir zeitweise zu schlecht ging oder ich ziemlich platt war, habe ich nur Notizen gemacht – meine Mutter ebenfalls – und dann habe ich nachträglich aufgeschrieben, was an einigen Tagen so passiert war. An manche Tage erinnere ich mich noch sehr genau, an andere eher weniger. Aber lies selbst.

Tagebucheinträge während der Transplantation

Es ist *der* Donnerstag, der Tag, an dem ich in das Krankenhaus in Hannover eingewiesen wurde. Es geht los!

Die Zeit, der ich voller Angst entgegengefiebert habe. Die Station, auf die ich kam, ist eine Kinderstation. Nur sechs Zimmer, mit jeweils einem Patienten drin. Und ich war jetzt eine davon. Mein Zimmer lag am Ende des Flures. Ich ging vorbei an den Zimmern der anderen kranken Kinder, alle noch viel jünger und kleiner als ich. Alle todkrank und ich mitten unter ihnen, wir alle denselben Weg vor uns. Der Schritt, der die Hoffnung auf Heilung für jeden von uns sein soll.

Ich dachte, heute passiert nicht allzu viel, doch es begann tatsächlich schon heute mit einer Menge Untersuchungen und großen Blutentnahmen.

Gegen Abend bin ich dann zu meiner Mama in ihr Appartement gegangen, dass ihr vom Elternverein, der solche Fälle unterstützt, zur Verfügung gestellt wurde. Dann haben wir dort meine langen Haare ziemlich radikal kurz geschnitten, weil ich wusste, dass sie sowieso ausfallen würden. Auch wenn ich es mir dabei nicht habe anmerken lassen, tat dieser Schritt mir besonders weh. Ich habe meinen Wert immer über mein Aussehen und auch über meine Haare definiert. Das war natürlich nicht richtig, aber das lernte ich erst mit diesem Schritt.

Nachdem wir meine Haare geschnitten hatten, bin ich wieder auf mein Zimmer gegangen. Dort habe ich erfahren, dass meine Medikamente, die ich bis jetzt genommen habe, sofort abgesetzt werden. Das hieß für mich, dass ich mich auch nicht mehr spritzen musste, was eine große Erleichterung bedeutete. Das Spritzen war für mich immer mit eines der schlimmsten Dinge; es tat weh beim Stechen und danach. Es machte blaue Flecken und war wirklich lästig. Ein bisschen frei sein

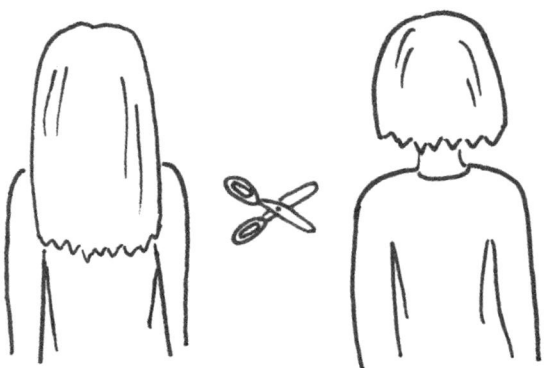

von Medikamenten kannte ich nicht mehr und ich genoss es wirklich, auch wenn diese Phase wirklich nicht lange war.

Nüchtern und ein bisschen zickig, weil ich nicht essen durfte und weil ich furchtbar nervös war vor dem Eingriff, bin ich aufgewacht. Eine Knochenmarkspunktion und das Legen eines ZVK (Zentralen Venenkatheters) standen an. Ein Zentraler Venenkatheter ist ein dünner Schlauch, der in eine große Vene seitlich am Hals gelegt wird, um die Medikamente gut und schnell und vor allem gezielt verabreichen zu können. Der Katheter hat drei Anschlüsse, um die jeweiligen Substanzen über einen Schlauch in den Körper zu führen: die Chemotherapie über den einen Schlauch, die Medikamente oder künstliche Nahrung über einen anderen und der dritte Schlauch war für die Blut- und Thrombozyten-Transfusionen.

Ein kleiner Exkurs in die Medizin: Blut und Thrombozyten werden bei einer Transplantation verabreicht, weil die eigenen Zellen sterben. Da der Körper dann keine Zellen mehr produziert und damit ein Weiterleben unmöglich wäre, transfundiert man fremde Zellen, um vorübergehend eine gute Grundbasis zu schaffen. Thrombozyten sind die Zellen, die die Wunden verschließen und dafür sorgen, dass man bei minimalen Verletzungen nicht verblutet. Sind zu wenige da, müssen sie ersetzt werden, um unnötigen Blutverlust zu vermeiden.

Soviel erstmal dazu. Wieder zurück in mein Krankenhauszimmer. Um die geplanten Eingriffe durchzuziehen, heißt es wieder mal Narkose. Das war auch der Grund dafür, dass ich nichts essen durfte. Man muss wissen, dass ich bei Eingriffen wie diesen der größte Angsthase bin. Als es dann soweit war und mein Bett endlich in den OP geschoben wurde, hatte ich immer noch sehr schwitzige Hände und zitterte am ganzen Körper. Kurz vor der Narkose aber wurde ich ganz ruhig. Ich merkte, wie sich der Friede Gottes über mich legte. Und während die ganzen Ärzte und Helfer um mich herum wurschtelten und mir sagten, dass es los geht und ich von zehn runter zählen sollte, blickte ich noch einmal in das Licht über mir, blinzelte ein-, zweimal, meine Augenlider flatterten und dann ließ ich mich sanft mit den Medikament in den Schlaf legen. Ich atmete ruhig und was dann passierte, kann ich leider nicht sagen. Ich schlief einfach seelenruhig und friedlich, bis mich Schmerzen und ein dumpfes Gefühl im Kopf wach werden ließen.

Aufgrund der Schmerzen, die ich an der Stelle hatte, wo der Katheder am Hals saß, habe ich sehr viel starke Schmerzmittel bekommen, von denen ich ziemlich benebelt und neben der Spur war. Das war aber die erste Narkose, nach der ich so friedlich und ruhig wach geworden bin. Die anderen Narkosen davor verliefen immer ziemlich laut, ich meckerte oder redete viel zu laut und energisch und alle mussten immer lachen, weil ich immer so doofes Zeug geredet habe.

Trotz der vielen Schmerzmittel war ich nicht schmerzfrei, aber ich wollte, dass meine Mama ein Foto von mir macht, wo ich lächle, damit die Leute sehen, dass es mir gut geht. Dieses Bild müsst ihr euch so vorstellen: ich liege mit Schmerzen in meinem Bett, die Augen geschlossen, weil das Licht viel zu hell war und ich sehr müde von der Narkose war. Ein Eis in meiner Hand, damit ich Flüssigkeit zu mir nehme, denn an Wasser hätte ich mich verschluckt. Und auf meinem Gesicht das glücklichste Lächeln, weil ich einfach glücklich war, leben zu dürfen und meine Seele froh war. Das Innere hat das Äußere überstrahlt. Die Liebe und das Licht Gottes strahlten genau in dem Aufwachraum der Kinderklinik aus meinem Gesicht. Wie glücklich ich bin, Gott an meiner Seite zu haben! Der Rest des Tages war natürlich gelaufen; ich war müde und abgeschlagen und wollte nur noch schlafen. Auch der ZVK bereitete mir immer noch Schmerzen, aber dann war die Müdigkeit einfach größer. Augen zu und gute Nacht.

11.05.2019, SAMSTAG

Nach dem Aufwachen gab es heute mal keine Pläne und auch keine Untersuchungen. Ich war aber trotzdem zu nichts zu gebrauchen, da ich immer noch Schmerzen am ZVK hatte, die mich ziemlich ausbremsten. Mir wurde gesagt, dass die Schmerzen nach drei Tagen aufhören und man sich an den Schlauch im Hals gewöhnt. Das habe ich aber erst recht nicht geglaubt, weil ich so große Schmerzen hatte und in meinen Bewegungen sehr eingeschränkt war. Und nur ganz am Rande bemerkt: Die Schwestern wussten, wovon sie reden, denn nach drei Tagen spürte ich den Schlauch wirklich gar nicht mehr und alles war wieder gut. Ich bekam aber noch Kopfschmerzen und schlief deshalb den ganzen Tag oder starrte einfach an die Decke.

12.05.2019, SONNTAG

Heute war erst der vierte Tag im Krankenhaus und es fühlte sich schon ziemlich lang an. Wenn ich daran denke, dass ich voraussichtlich sechs bis acht Wochen hier verbringen soll, wird mir schlecht. Der Tag heute war besser. Mama hat gesagt, ich wirke sehr entspannt. Meine Laune war auch echt gut und Mama und ich sind später noch eine Runde spazieren gegangen und haben danach noch eine schöne Zeit bei ihr im Apartment verbracht.

Wir haben auch noch Abendbrot zusammen gegessen und den vorerst letzten Tag außerhalb meines Zimmers genossen. Der Grund, warum es erstmal der letzte Tag war, ist, dass ich über den Zeitraum der

Chemotherapie und Transplantation sehr niedrige bis keine weißen Blutkörperchen habe. Diese Zellen sind für die Abwehr zuständig, also für das Immunsystem. Somit bin ich dann dauerhaft isoliert, damit ich mich nicht infiziere, und darf mich die ganze Zeit über nur in meinem Zimmer aufhalten. Meine Mama muss sich auch jedes Mal, wenn sie auf die Station kommt, umziehen und eine spezielle Bereichskleidung anziehen. Außerdem muss sie in meinem Zimmer einen Mundschutz tragen, um mich bestmöglich zu schützen.

Isolation bedeute ganz speziell für mich, den ganzen Tag im gleichen Zimmer zu liegen, den ganzen Tag die gleichen Wände anzugucken und immer dieselben Menschen zu sehen – und das für sechs bis acht Wochen. Was für eine Vorstellung … Umso mehr genoss ich den letzten Abend in Freiheit. Und danach ging es für mich nur noch ins Bett, da ich sehr müde war. Ich schlief mit einem mulmigen Gefühl im Bauch ein, weil ich morgen operiert werden sollte.

13.05.2019, MONTAG

Ich lag wach in meinem Bett und ich durfte mal wieder nichts essen, denn heute war tatsächlich der Tag der Nasen-OP, womit ich ursprünglich gar nicht gerechnet hatte. Denn eigentlich war diese Operation gar nicht geplant. Aufgrund der Routine-Untersuchung, einer Röntgenaufnahme der Nase, die vor jeder Transplantation gemacht wird, haben die Ärzte einen Schatten in meiner Nasennebenhöhle gesehen, der auf eine chronische Nasennebenhöhlenentzündung hinweisen kann. Bei einer weiteren Untersuchung wurde dann festgestellt, dass dem so war.

Ich hatte auch schon lange grundlos Schnupfen, was in einer normalen Situation nicht gefährlich gewesen wäre, aber nach der Chemotherapie könnte das sehr risikoreich werden und unnötige Bakterienherde, also Ansammlungen von Bakterien, bilden. Somit wurden bei dieser OP meine Nasennebenhöhleneingänge vergrößert, damit das Angesammelte dort besser ausgesondert werden kann.

Die Nacht hatte ich leider nicht besonders gut geschlafen, weil ich sehr nervös war wegen der OP. Eine OP bedeute nämlich wieder Narkose, und wie gesagt bin ich kein Fan davon. Ich wurde schon früh vor den OP-Saal geschoben, doch dort musste ich noch warten. Das ist ziemlich nervenzerreißend, wenn an dir Patienten vorbeigefahren werden, die weinen, schreien oder nach Luft ringen. Ich konnte innerlich irgendwie keine Ruhe finden, doch dann lag ich irgendwann auf dem OP-Tisch.

Mama hatte mir noch Gottes Segen gewünscht und ist dann gegangen. Die Schwester bereitete alles neben mir vor und sie muss irgendwie gemerkt haben, dass ich ziemlich nervös bin. Sie lächelte mich an und meinte: »Denk an etwas, was dir wichtig ist und dich glücklich macht.« Sofort kam mir ein wunderschönes christliches Lied in den Kopf. Ich wusste später nicht mal mehr, welches es war und weiß es bis heute nicht. Was ich aber weiß, ist, dass dies die schönste Narkose war, die ich jemals hatte. Es war so friedlich und hell während ich schlief und ich spürte, wie Gottes Gegenwart mich umgab. Ich kann nicht sagen, was genau ich gesehen habe, aber es fühlte sich alles sehr warm und herzerwärmend an.

Als ich aufwachte, war ich einfach nur dankbar. Ja, ich hatte Schmerzen und ich war ziemlich schwach, aber ich habe glücklicherweise einen ganzen Cocktail an Schmerzmitteln bekommen, was ich sehr zu schätzen wusste. Das Atmen war etwas erschwert, weil ich durch die Tamponaden, die in meiner Nase steckten, um das Blut zu stoppen, nicht durch die Nase atmen konnte. Trotz all des Chaos und des ganzen Drumherums war ich Gott so dankbar und seine tiefe Liebe füllte mich komplett aus. Meine Mama erzählte mir später, dass ich gesagt habe, dass ich Gott so sehr liebe. Und ja, das tue ich, von ganzem Herzen, denn auch in Leid schenkt er Freude, tiefen Frieden und ummantelt mich mit seiner Liebe.

Ich habe an diesem Tag nur noch geschlafen und ein bisschen was gegessen natürlich, weil ich ziemlich ausgehungert war. Das Reden und Atmen waren auch danach nicht leichter und ich war am Ende des Tages ein wenig genervt. Also ging ich auch früh schlafen, da ich nach einer Narkose immer gefühlt ewig schlafen kann.

Nachdem die Nacht nicht besonders gut gewesen war, weil das mit dem Atmen auch die Nacht über nicht so gut funktionierte, bekam ich am Morgen dann direkt die Nachricht, dass die Chemotherapie heute beginnt. Jetzt gab es kein Zurück mehr. Ich war nervös, als die erste Dosis des Chemotherapeutikums durch den Schlauch in meine Venen floss. Dieses Chemotherapie-Mittel sollte alle meine eigenen Knochenmarkzellen zerstören (wirkte aber nicht nur auf die), um Platz für die neuen Zellen des Spenders zu schaffen. Es war ein komisches Gefühl, die zerstörerische Flüssigkeit in mich hinein fließen zu sehen.

Die Nebenwirkungen ließen auch nicht lange auf sich warten. Plötzlich hatte ich mit starker Übelkeit, Kopfschmerzen und anhaltender Schwäche zu kämpfen. Zu allem Übel hatte ich noch die Tamponaden von der Nasen-OP drin und konnte schlecht atmen. Meine Geduld war fast am Ende, ich konnte nicht mehr, denn es kam kein Arzt, der mir die Tamponaden hätte herausziehen können.

So wartete und wartete ich bis zum Abend und meine Geduld wurde auf die Probe gestellt. Immer wieder wurde ich auf später vertröstet. Und dann kam auch endlich der Hals-Nasen-Ohren-Arzt und zog mir die Tamponaden aus der Nase. Diese Prozedur war ein wenig schmerzhaft, aber ich hätte in dem Moment alles dafür gegeben, wieder normal atmen zu können. Was für ein befreiendes Gefühl, wieder normal durch die Nase zu atmen! Durch diese Situation habe ich gelernt, das Atmen durch die Nase viel mehr zu schätzen, denn es ist nicht selbstverständlich und ich bin so dankbar, dass ich wieder normal atmen kann.

Da die Chemo und das Problem mit meiner Nase mich sehr geschlaucht hatten, ging ich wieder recht früh schlafen.

15.05.2019, MITTWOCH

Der zweite Tag der Chemotherapie war angebrochen. Mir ging es dreckig und ich hatte trotz freier Nase nicht besonders gut geschlafen. Die Nebenwirkungen der Chemo haben mir sehr zu schaffen gemacht. Ich hatte viel mit Übelkeit und leichtem Fieber zu kämpfen. Zudem war ich sehr schwach und lag eigentlich nur im Bett und habe geschlafen. Es war den ganzen Tag dunkel in meinem Zimmer, weil ich mit Licht einfach gar nicht klarkam.

Trotz der Umstände war ich positiv gestimmt. Nicht aus meiner Kraft, sondern aus Gottes Kraft. Zu all dem musste ich, weil das Chemo-Mittel über die Haut ausgeschieden wird, drei Mal am Tag duschen, drei Mal die Bettwäsche und auch drei Mal meine Kleidung wechseln. Das war kräftezehrend.

Da ich so schwach war, saß ich beim Duschen jedes Mal wie ein Häufchen Elend in der Dusche. Und danach habe ich schrecklich gefroren. Wenn es dann wieder zurück in mein Bett ging, fühlte ich mich, als wäre ich einen Marathon gelaufen oder hätte den ganzen Tag Sport gemacht. Allein vom Duschen – das muss man sich mal vorstellen. Vorher war Duschen eine Kleinigkeit und jetzt ein Akt, der mich meine ganze Kraft kostete.

Ich habe ehrlich gesagt nicht damit gerechnet, dass mich die Chemotherapie so schnell kaputt macht. Ich war heute Abend wirklich unfassbar müde, aber das Schlafen ging nicht mehr so wie gewohnt.

16.05.2019, DONNERSTAG

Heute hatte ich aufgrund der Chemotherapie wieder sehr mit Übelkeit zu kämpfen, was das Essen schwierig machte. Auch die Nacht war eine reine Katastrophe gewesen. Die Schwäche breitete sich immer mehr aus und das dreimalige Duschen war nicht wirklich hilfreich, denn nach jedem Duschen hatte ich das Gefühl, noch ein bisschen weniger Kraft zu haben

Aufgrund eines Chemo-Medikaments bekam ich dann am Abend starken Schüttelfrost. Mein Körper verkrampfte sich und plötzlich fühlte ich mich hilflos, denn das Schütteln hörte nicht auf und mir tat schon alles weh und es wurde immer schlimmer. Man hörte das Bett schon beben … Ich drückte den roten Knopf, wirklich mit letzter Kraft. Die Schwester hat mir dann ein Beruhigungsmittel verabreicht, wodurch sich meine Muskeln wieder entspannten und ich wieder ruhig wurde. Das Medikament hat mich förmlich abgeschossen. Ich fühlte mich, als würde ich schweben, auf einmal war alles schön und ziemlich witzig. Denn das Beruhigungsmittel hatte mich ja ruhiggestellt und in einen rauschähnlichen Zustand versetzt. Ich fing an, wirres Zeug vor mir her zu reden und nahm die Welt gar nicht mehr richtig wahr.

Danach saß ich einfach nur noch abwesend im Sessel meines Zimmers und starrte Löcher in die Luft. Ich versuchte immer wieder einzuschlafen, weil ich einfach so müde war, aber aufgrund des einen Medikaments, das so seltsame Nebenwirkungen hat, schreckte ich immer wieder hoch und konnte irgendwie keine Ruhe finden.

17.05.2019, FREITAG

Der Tag unterschied sich nicht wirklich von dem gestrigen. Gleiche Chemotherapie, gleiche Prozedur und die gleichen Nabenwirkungen. Das Essen fiel mir immer schwerer; mir war so schlecht und das Essen widerte mich an. Vom Schüttelfrost gestern tat mir mein ganzer Körper weh. Ich war ziemlich schlapp und einfach nur ausgelaugt. Und auch heute hatte ich Schüttelfrost. Deshalb bekam ich auch das Beruhigungsmittel, das mich wieder komplett aus der Bahn warf.

Nachmittags kam dann noch die Psychologin der Station. Es ist auf der Station normal, dass eine Psychologin die Patienten durch die Transplantation begleitet. In diesem Gespräch durfte ich Gott die Ehre geben. Ich brauche wahrscheinlich nicht mehr erwähnen, wie müde ich war. Und trotzdem konnte ich nicht schlafen.

18.05.2019, SAMSTAG

Ich bin heute sehr glücklich aufgestanden, auch wenn ich wieder mal die ganze Nacht wach war, denn heute sollte ich Besuch bekommen. Heute haben mein Dad und meine jüngste Schwester Jolin mich besucht. Meine andere Schwester Nadine war leider krank und durfte nicht mit, weil sie mich sonst mit ihren Keimen anstecken könnte. Die Zerstörung meines Immunsystems war ja schon im vollen Gange und das Risiko, dass ich mir einen Infekt zuziehe, konnten wir nicht eingehen. Ich war ein wenig traurig, dass ich sie nicht sehen konnte, aber natürlich ist das verständlich.

Mir ging es heute eigentlich ganz okay und ich konnte endlich etwas essen. Abends habe ich sogar eine halbe Packung Pom-Bär-Chips gegessen. Das war ein absolutes Highlight. Ich war sehr froh, endlich wieder einen anderen Teil meiner Familie gesehen zu haben. Dad und Jolin blieben über Nacht im Appartement meiner Mama.

Der Tag der letzten Chemo war angebrochen. Diese Nacht hatte ich schlecht geschlafen und bin mit starker Übelkeit aufgewacht. Das dreimalige Duschen wurde von Mal zu Mal anstrengender. Langsam verließen mich meine Kräfte komplett, was vor allem auch daran lag, dass ich aufgrund der Übelkeit und der Geschmacksveränderung, die durch die Medikamente verursacht wurde, kaum gegessen habe.

Da meine Schwester noch da war, half sie mir beim Duschen und Fertigmachen. Abends bekam ich dann noch Besuch von Lena, der besten Freundin meiner Mama, wofür ich sehr dankbar war.

Nach dem ganzen Besuch war ich sehr müde, aber auch sehr glücklich. Glücklich zu wissen, dass es Menschen gibt, die mich lieben und sich um mich kümmern. Und ich merkte, wie Gott begann, die Herzen anzurühren. Ich war froh, abends in mein Bett fallen und einfach durchatmen zu können. Man muss sich vorstellen, dass die Chemotherapie, die ich bekommen hatte, sehr stark war, denn es wurde alles innerhalb von nur sechs Tagen komplett abgetötet – und dementsprechend fühlte sich mein Körper auch an.

Diese Nacht war wieder nicht erholsam gewesen und die Schlaflosigkeit hat mich sehr geschlaucht. Da mein Knochenmark durch die Chemotherapie der vergangenen sechs Tage zerstört worden ist, wurden die Blutwerte stetig schlechter und heute waren sie bereits im Keller. Ich hatte zu wenig rote Blutkörperchen, das hieß: keine Energie, Schwäche, Kopfschmerzen und, und, und.

Deshalb bekam ich heute meine erste Blutkonserve. 300 Milliliter fremdes Blut, für mich. Ich habe mich sehr geekelt, es war einfach Blut eines anderen Menschen und das würde in mich hineinlaufen. Der Fakt, dass es gesäubert und bearbeitet worden war, änderte gar nichts. Als das Blut hineinfloss, schmeckte ich es im Hals. Manche Patienten schmecken so etwas eben und manche nicht. Und ich gehöre wohl zu den empfindlicheren Menschen.

Dieser Geschmack hat das alles nicht wirklich besser gemacht, doch trotz all dem hätte ich ohne dieses Blut nicht weiterleben können. Zum Frühstück habe ich es gerade mal geschafft, eine dreiviertel Brötchenhälfte mit Salami drauf zu essen. Und das habe ich auch nur mit viel Mühe hinunter bekommen. Das einzige, was super ging und was ich gut schlucken kann, war eine geschälte Gurke, die meine Mama mir extra gekauft und geschält hatte. Außer diesen beiden Sachen aß ich nichts bis zum Abend.

Am Abend bekam ich dann großen Hunger auf Pizza. Und Mama hatte mir tatsächlich Pizza mitgebracht. Man konnte sie auf der Station aufbacken lassen. Ich hatte große Angst, dass ich sie nicht hinunter bekommen würde, und so saß ich am Tisch vor der fertigen Pizza und betete, dass Gott mich doch diese Pizza essen lässt, denn ich hatte solchen Hunger. Als meine Mama dazukam, meinte ich zu ihr, dass sie auch noch einmal dafür beten soll. Sie betete und es passierte ein Wunder: Ich konnte die Hälfte der Pizza problemlos essen, obwohl ich vorher einfach nichts Vernünftiges runterbekommen habe.

Ich war so dankbar und voller Freude, dass selbst der unausstehlich starke Juckreiz, den ich aufgrund von Nebenwirkungen bekam, meine Freude und Dankbarkeit nicht trüben konnte. Ich ging mit einem gefüllten Magen ins Bett – was für ein Geschenk! Wie glücklich eine halbe Pizza doch machen kann. Mir war noch nie vorher bewusst, was für ein riesiges Geschenk es ist, beim Essen keinen Brechreiz und keine Übelkeit zu verspüren.

21.05.2019, DIENSTAG

Direkt nach dem Schlafen wurde mir heute eine Magensonde gelegt. Eine einzige Katastrophe! Eine Magensonde ist ein dünner Schlauch, der durch die Nase und den Rachen bis in den Magen geht. Die

Magensonde dient zur künstlichen Ernährung und Medikamentengabe. Das könnte erforderlich werden, wenn ich nicht mehr in der Lage bin, zu essen oder Medikamente zu schlucken.

Diese Magensonde zu legen, war eine einzige Qual. Der Schlauch wird durch die Nase in den Magen geführt. Um dabei die Speiseröhre ständig geöffnet zu halten, musste ich quasi die ganze Zeit Wasser trinken und schlucken. Ich musste ständig würgen und mich schlussendlich übergeben.

Wegen der vorherigen Nasen-OP hatte ich dann auch noch eine blutige Nase. Dieser Morgen war so furchtbar für mich. Ich habe viel geweint. Meiner Mama schickte ich direkt ein Bild, woraufhin sie sofort zu mir kam. Doch der Schlauch hat immer wieder Würgereiz bei mir ausgelöst. Ich habe kaum was runter bekommen und den ganzen Tag fast nichts gegessen, obwohl ich so viele Medikamente gegen Übelkeit bekommen habe.

Da meine Haare anfingen auszufallen und ich das nicht mitansehen wollte, entschied ich mich dafür, meine Haare komplett abzurasieren. Damit kam jetzt der Schritt, vor dem ich vor Transplantationsbeginn fast am meisten Angst hatte. Lange Haare waren für mich immer ein ganz besonderes Schönheitsideal. Aber mir wurde bewusst, dass meine Schönheit nicht durch mein Aussehen definiert wird, sondern durch das, wer ich in Jesus bin. Und in Jesus bin ich ein Kind des Höchsten selbst.

Der Rasierer ertönte. Ich atmete noch einmal tief ein und rasierte einfach eine willkürliche Stelle an meinem Kopf. Jetzt gab es kein Zurück mehr. Danach fielen Strähne um Strähne auf den Boden. Mein Kopf wurde immer kahler und leichter. Mir war gar nicht bewusst gewesen, wie schwer Haare eigentlich sind. Mehr und mehr Haare fielen herunter; der Boden war mittlerweile voll von meinen Haaren.

Nach etwa einer Stunde saß ich als – noch nicht ganz hundertprozentiger – Glatzkopf vor dem Spiegel. Ein paar Stoppeln waren noch übriggeblieben. Das war zuerst ein wirklich lustiger Anblick. Und so schwer wie ich dachte, dass es werden würde, war es im Endeffekt

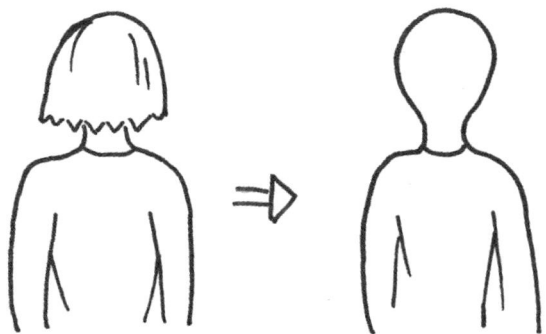

gar nicht. Ich fühlte mich pudelwohl ohne die Haare, die sowieso nervten und ausfielen. Und auch das Duschen war super angenehm. Das einzige Problem war, dass es auf einmal total kalt auf dem Kopf wurde und ich jeden Luftstoß spürte. Und jetzt war ich nur noch aufgeregt, denn morgen war der Tag: der Tag X, der Tag der Tage, der Tag der Transplantation. Ich legte mich mit einem Gebet ins Bett.

22.05.2019, MITTWOCH

Da ich die Nacht sowieso nicht schlafen konnte, verbrachte ich diese Nacht im Gebet. Am Morgen fühlte ich mich sehr getragen durch die vielen Gebete anderer, die für mich gebetet wurden. Ich fühlte mich geborgen in der Hand Gottes. Das war ein großer Tag heute. Aufregung pur! Der Tag der Transplantation.

Ich weiß, dass ich am Vortag schon sehr betont habe, wie wichtig dieser Tag ist, aber du musst dir bewusst sein, dass dieser Tag mir neues Leben schenken kann. Jesus starb auf Golgatha am Kreuz, um durch seinen Tod mir und dir das Leben zu schenken, das ewige Leben. Und wenn die Transplantation heute gelingen wird, dann hat er mir ein drittes Mal Leben geschenkt. Zuerst kam ich trotz aller Hindernisse lebendig auf diese Welt, dann bekam ich ewiges Leben durch seine Gnade und den Glauben, den er mir geschenkt hat, und jetzt wäre es ein drittes Mal. Und ob es klappt oder nicht, Gott hat mir schon so viel geschenkt, und zu sterben und bei ihm sein zu dürfen, wäre ein noch viel größeres Geschenk.

Um 11:37 Uhr fing es an. Die erste Spritze mit 120 Milliliter Stammzellen wurde innerhalb von drei Minuten durch den Halskatheder in meine Blutbahn gespritzt. Durch das Konservierungsmittel, das zum Einfrieren der Zellen verwendet wurde, hat es fürchterlich gestunken. Ich vergleiche den Geruch immer mit dem Gestank auf einem Fischmarkt, auf dem alle Fische vergammelt sind. Es war so eklig.

Beim Reinspritzen der Zellen war mir unfassbar übel und ich kaute durchgehend auf einem riesigen Hubba-Bubba-Kaugummi, damit ich mich nicht übergeben musste. Denn so wie es roch, hat es auch in meinem Hals geschmeckt. Eine Viertelstunde nach der ersten Spritze war auch die zweite Spritze aufgetaut und die zweite Portion Stammzellen wurde in meine Blutlaufbahn gespritzt. Nach drei Minuten war auch diese Dosis vollständig verabreicht und ich wartete weitere 15 Minuten auf die nächste Spritze. Um 12:13 Uhr war es dann vorbei und insgesamt 360 Milliliter Stammzellen in einer super schönen rosa Farbe waren nun in meiner Blutlaufbahn. Ein so großer Schritt und doch so schnell vorbei. Und während er ganzen Prozedur war mir Gottes Gegenwart so bewusst.

Da mir trotzdem noch sehr übel war, habe ich viele Medikamente gegen Übelkeit bekommen. Danach ging es mit der Übelkeit etwas besser, aber ich war ziemlich müde. Doch ich konnte wegen starken Durchfalls und Juckreiz, der nicht aufhören wollte, einfach nicht einschlafen. Dauernd wollte ich mich am liebsten überall kratzen, nur durfte ich nicht, was wirklich nervig war, da der Juckreiz einfach nicht aufhörte.

23.05.2019, DONNERSTAG

Nach der anstrengenden Nacht war ich den ganzen Tag über sehr schlapp und verlor jede Menge an Kraft. Zum Frühstück aß ich ein Viertel eines Brötchens, da ich nicht mehr hinunter bekam und mich die Übelkeit plagte.

Zu Mittag habe ich dann ein wenig Hähnchenfleisch gegessen und eine kleine Kartoffel. Mir schmeckte das Essen nicht, da die Chemo auch die Geschmacksnerven und die Schleimhäute angreift. Jedes Mal, wenn ich vor dem Essen saß, ekelte es ich mich. Da ich immer weniger aß, nahm ich immer mehr ab und das führte dazu, dass ich somit noch mehr an Kraft verlor.

Das Positive des Tages war, dass die Magensonde, die einige Tage zuvor gelegt worden war, gezogen wurde. Ich hielt es mit ihr einfach nicht mehr aus, denn ich musste immer mehr würgen und im Hals fühlte es sich an, als hätte der Schlauch einen Knick und es würde alles wund gescheuert.

Am Abend ging es mir so schlecht, dass ich meine Mama bat, bei mir im Krankenzimmer zu schlafen, damit sie mir beim Aufstehen und Toilettengang helfen konnte und ich mich nicht so allein fühlte. Sie blieb diese Nacht dann bei mir und verzichtete für mich auf den erholsamen Schlaf. Ich bin ihr immer noch so dankbar dafür.

24.05.2019, FREITAG

Diese Nacht kam ich gar nicht zum Schlafen, so wie jetzt schon einige Nächte lang. Jede Stunde musste ich aufstehen, um auf die Toilette zu gehen. Ich hatte schon keine Kraft mehr dafür. Jedes Mal, wenn ich aufstand, zitterte ich am ganzen Körper. Ich fror und schaffte es gerade mal so zur Toilette. Ich hörte die ganze Nacht Musik und stieß dann auf ein Lied in meiner Playlist, das mir vorher nie so wirklich aufgefallen war. Das Lied heißt »Wir beten für Segen«. Im Refrain heißt es:

Doch was, wenn durch Regen erst der Segen,
wenn erst durch Tränen Heilung kommt.
Was, wenn erst 1000 wache Nächte
mir dann zeigen: Du bist da.
Wenn im Leid in Wirklichkeit,
viel mehr deine Gnade wohnt.

Als ich diese Worte hörte, liefen mir heiße Tränen über mein Gesicht. Auf einmal fühlte ich mich wieder geborgen und sicher und ich wusste, dass Gott mich trägt und mir in den schlaflosen Nächten etwas klar machen oder zeigen wird, und ich nicht ohne Sinn wach liege. Selbst dieses Lied bestätigte mir, dass Gott jede Situation zu unserem Besten gebraucht.

Ich fing an zu beten, dass Gott mir hilft, diese Nächte durchzustehen, wenn ich nicht schlafen kann, und dass er mir Geduld schenkt. Ich war gespannt, was er mir noch so zu sagen hat. Ich teilte diese Gedanken meiner Mama mit, die sogleich auch wusste, dass alles seine Richtigkeit hat.

Den Tag über hatte ich keinen Appetit und aß auch nur einen einzigen Keks, aber ich war immer gut drauf und fröhlich und konnte ein Zeugnis für meinen großen Gott sein. Die Schwestern wunderten sich nämlich, wieso ich alles immer noch so positiv sah und nicht dauernd traurig war. Dann konnte ich erzählen, dass Gott der Grund dafür ist.

25.05.2019, SAMSTAG

Diese Nacht war die schlimmste meines ganzen Lebens. Ich konnte wieder mal nicht schlafen wie üblich, aber zu Durchfall und stündlichen Toilettengängen gesellte sich diese Nacht auch noch sehr starke Übelkeit. Ich quälte mich trotz der vielen Medikamente und wälzte mich von der einen auf die andere Seite, um eine Position zu finden, in der ich nicht solche starken Bauchschmerzen hatte. Um mich von der Übelkeit abzulenken, guckte ich Videos, las ein Buch und hörte Musik. Mir ging es wirklich dreckig und es wurde immer schlimmer.

Nachdem ich noch eine Tablette gegen Übelkeit bekomme hatte, ging es mir noch schlechter. Mein Bauch krampfte sich zusammen und ich schaffte es nur noch, mich aufzusetzen, nicht mal mehr zum Klo zu gehen, wohin es nur drei Schritte waren. Ich übergab mich komplett auf das Bett, auf meine Bettdecke und mich selbst, bis ich es endlich schaffte, den roten Knopf zu drücken, um die Schwester zu rufen.

Ich fühlte mich so elendig und dreckig und weinte, weil ich nicht mal selbst die Kraft hatte, die Sauerei, die ich angerichtet hatte, aufzuräumen. Ich war so machtlos und schwach und komplett auf Hilfe angewiesen.

Als alles beseitigt war und die Schwester meinte, dass ich mir keinen Kopf machen sollte, war ich noch viel müder als vorher und konnte trotzdem nicht schlafen. Am Morgen war ich dann extrem müde, wie man sich vorstellen kann. Der Tag war nicht wirklich gut. Ich aß fast nichts und lag nur im Bett, aber ich aß, jeden Tag ein kleines bisschen, denn ich hatte versprochen, nicht mit dem Essen aufzuhören. Daran hielt ich mich mit aller Kraft.

Die Physiotherapeutin wollte ein wenig Sport mit mir machen, das war heute aber absolut nicht möglich. Ich schleppte mich durch diesen Tag bis zur nächsten Nacht, in der ich mal wieder nicht einschlafen konnte.

Die nächsten drei Tage passierte nichts Außergewöhnliches, außer das, was die letzten Tage auch schon Thema gewesen war. Ich lag im Bett, konnte kaum etwas essen und lief jede Stunde zur Toilette, da der Durchfall auch nicht besser wurde. Dass ich jede Stunde zur Toilette musste, führte auch dazu, dass ich immer, wenn ich fast eingeschlafen war, schon wieder aufstehen und zur Toilette gehen musste.

Zwischendurch hatte ich noch ein paar kurze, erholsame und ermutigende Besuche von Freunden. Jede Nacht war eine Qual, aber auch eine Chance, Zeit mit Gott zu verbringen und mit ihm zu reden.

29.05.2019, MITTWOCH

Heute war es mit dem Durchfall besonders schlimm und die Ärzte hatten es nicht mehr unter Kontrolle. Sie waren ratlos, weil es nicht mehr normal war, dass ich schon so lange Durchfall hatte. Ich verlor ununterbrochen an Flüssigkeit und behielt von dem Bisschen, was ich gegessen habe, nichts bei mir.

Die Ärzte wollten eine Darmspiegelung machen, um endlich den Grund für diese unerwartete Nebenwirkung zu finden, aber heute wollten sie noch warten und ich betete, dass ich diese Darmspiegelung nicht machen musste. Es wurde angeordnet, dass ich nichts mehr essen sollte, um zu sehen, ob ich irgendeine Unverträglichkeit habe. Damit ich trotzdem noch genug Nährstoffe bekam, wurde mir künstliche Nahrung durch die Vene zugeführt.

Als die Ärzte sagten, dass ich nichts essen darf, habe ich komischerweise wieder Hunger bekommen. Und am Abend wurde mein Durchfall mit einem Mal besser und ich durfte auch wieder essen. Ich war so dankbar und aß mehr als sonst. Wie kann man sagen, dass es keinen Gott gibt, wenn er solche Wunder tut! Wir Menschen müssen nur unsere Augen öffnen, um zu sehen, wie gut Gott ist. Und er ist immer gut – in guten, aber gerade auch in den schlechten Zeiten.

30.05.2019, DONNERSTAG

Diese Nacht konnte ich ganze zwei Stunden am Stück schlafen. Zwei Stunden – das ist viel! Ich glaube, dass war eines der heftigsten Dinge seit langem. Ich war so unfassbar froh und dankbar. Und ich fühlte mich so gut wie schon lange nicht mehr. Ich war so glücklich, endlich mal zwei Stunden geschlafen zu haben, dass ich das Gefühl hatte, Bäume ausreißen zu können.

Der Durchfall war auch um einiges besser und mein Darm hatte sich ein wenig erholt. Obwohl ich keinen Appetit hatte und nichts essen wollte, fühlte ich mich frischer und lebendiger als die letzten Tage. Ich aß wie immer nicht viel, aber das machte heute nichts. Ich war Gott so dankbar für die zwei Stunden Schlaf und legte mich abends müde, aber zuversichtlich in mein Bett.

Als ich heute Morgen aufwachte, fühlte mein Körper sich wieder schlapp und matt an. Mir ging es leider wieder gar nicht gut; ich hatte Schmerzen am ganzen Körper und mein Kopf brummte. So gut es mir gestern ging, so abgeschlagen fühlte ich mich heute. Ich wusste aber, dass Gott mich nie im Stich lässt; er ist meine Hoffnung.

Meine Stoppelhärchen auf dem Kopf fingen an auszufallen und es juckte überall, weil die kleinen Härchen überall hinfielen. Ich war aber froh, denn meine Familie kam mich übers Wochenende besuchen.

Heute war schon Tag zehn nach der Transplantation. Die Ärzte meinten, dass man eventuell nach etwa 14 Tagen die ersten Leukozyten im Blut sehen kann. Die Leukozyten, auch weiße Blutkörperchen genannt, sind die Zellen, die das Immunsystem des menschlichen Körpers bilden. Wie gesagt, es ist Tag zehn und auch heute hatte ich wie jeden Tag um 5 Uhr morgens meine Blutentnahme. Niemand rechnete damit, heute schon irgendwas Außergewöhnliches zu entdecken. Aber dann kam die Schwester ganz aufgeregt in mein Zimmer und meinte zu mir, dass heute bei der Blutentnahme 100 Leukozyten (»Leukos«) gezählt wurden. Ich war so überrascht, dass ich das gar nicht glauben konnte. Was ein Wunder!

Später kam die Ärztin in mein Zimmer und meinte, dass das noch Restzellen sein könnten oder dass das Gerät sich vielleicht verzählt hätte; es könne einfach ein Fehler sein. Sie sagte mir, ich solle mir nicht allzu große Hoffnungen machen, doch wir wussten alle, diese Zellen waren von Gott und sie waren echt.

Ich hatte heute auch Besuch von einem Pärchen aus der Gemeinde, Freunde meiner Eltern. Und mit dem Mann, der einer der Ältesten in meiner Gemeinde ist, beteten wir, dass die Zellen echt sind. Er betete auch für mich. Was für ein Segen!

Meine Schwestern entfernten mir heute auch die Stoppeln vom Kopf, denn das Jucken war kaum auszuhalten. Sie nahmen die losen Stoppeln einfach mit Klebeband von meinem Kopf. Ja, ganz richtig, Klebeband! Es war wirklich lustig und ein schöner Tag. Am Abend war ich dann ein kompletter Glatzkopf. Ich fühlte immer wieder mit meiner Hand über meine glatte Kopfhaut und zum ersten Mal flossen an diesem Abend Tränen wegen meiner Haare. Ich realisierte, dass ich jetzt absolut keine Haare mehr hatte, aber im nächsten Moment waren die Tränen weg, denn mir fiel auf, dass Gott mich auch so immer noch genauso liebt. Er machte mich wieder froh. Wie gesegnet dieser Tag doch war! Gott tut auch heute noch Wunder.

02.06.2019, SONNTAG

Heute ging es mir ein wenig besser. Ich hatte sogar etwas Appetit und habe etwas gegessen. Die heutige Blutentnahme war auch schon vorbei und als die Schwester mir einige Zeit später das Ergebnis sagte, waren es wieder 100 Leukos. Ich hab's doch gesagt, die Leukos waren echt! Halleluja! Wir waren alle überwältigt und glücklich.

Es war Sonntag und meine Familie fuhr nach Hause, diesmal blieb mein Dad bei mir und Mama fuhr mit meinen Schwestern heim. Es ist wirklich hart, meine Familie nie komplett sehen zu können, denn es durften immer nur zwei Besucher in mein Zimmer. Das heißt, dass wir nie alle fünf beisammen waren. Aber es werden bessere Zeiten folgen, da bin ich mir sicher.

03.06.2019, MONTAG

Mit guter Laune startete ich in den Tag. Die Nacht war ganz gut gewesen und mir ging es auch sonst echt um einiges besser. Ich bekam immer mehr Kraft und konnte mich sogar schon wieder selbst duschen, was bis gestern ohne Hilfe nicht möglich war. Wir warteten den ganzen Morgen auf die Ergebnisse der Bluttests und das Ergebnis war sehr gut, die Leukozyten waren auf 200 angestiegen.

Es gab heute ein Gewitter, und da ich Gewitter liebe, saß ich in meinem Sessel an dem großen Fenster meines Krankenhauszimmers, in meine Decke eingekuschelt, und genoss dieses Wunder Gottes. Später setzte sich mein Dad dazu und ich genoss die Zeit mit ihm. Wir lasen noch ein Kapitel aus der Bibel und dann ging ich glücklich in mein Bett.

04.06.2019 – 10.06.2019

Die nächsten Tage stiegen meine Blutwerte weiter an. Nicht ganz konstant, aber jeden Tag ein wenig. Mir ging es an den meisten Tagen gut, manchmal auch weniger gut, aber dank Gott war ich immer guter Dinge. Mein Appetit wurde auch besser und ich aß wieder mehr, was mir natürlich Kraft gab und mich fitter werden ließ.

Um mich auf zu Hause vorzubereiten, machte ich regelmäßig ein paar Sportübungen und die Medikamente wurden von intravenös (also per Tropf über die Vene) auf Tabletten umgestellt. Auf ziemlich viele Tabletten. Um genau zu sein, waren es dann 28 Stück am Tag. Das war schon sehr viel und immer wieder ein Kampf, diese vielen Tabletten runterzuschlucken.

Es kam nicht selten vor, dass ich mich übergeben und alle 28 Tabletten noch einmal schlucken musste. Trotz all des Schlechten und Unangenehmen trug Gott mich auf Händen und nahm mir die Angst und Sorgen.

11.06.2019, DIENSTAG

Was für ein Tag! Als ich morgens aufwachte, war ich sehr aufgeregt, wir warteten nämlich auf die Blutwerte. Und die Ergebnisse waren sehr gut! Die Werte hatten die Mindestgrenze erreicht und das bedeutete, dass ich zum ersten Mal seit etwa fünf Wochen mein Zimmer verlassen durfte. Ich durfte nach draußen. Was für ein krasses Gefühl! Nach so langer Zeit einfach mein Zimmer verlassen zu dürfen. Frische Luft, Menschen sehen und endlich nicht mehr eingesperrt.

Meine Mama, die am Wochenende wieder mit Papa getauscht hatte, und ich waren so gut drauf, einfach glücklich und unserem Herrn so unendlich dankbar! Als ich meinen Fuß vor die Tür des Krankenhauses setzte, roch es so gut. Ich trug zwar einen Mundschutz, aber das war mir egal, wobei ich mich sowieso schon an den Mundschutz gewöhnt habe. Wir machten einen kleinen Spaziergang, hatten aber auch einen Rollstuhl dabei, falls mir die Kraft fehlte.

Nach dem Spaziergang schob Mama mich im Rollstuhl zu sich in das Appartement, weil ich schon ziemlich müde war. Dort aßen wir dann zum ersten

Mal seit langem zusammen. Mama war auf meinem Zimmer immer nur mit Mundschutz gewesen, doch jetzt ging es auch ohne. An diesem Abend war ich sehr müde, die ganzen Eindrücke und die Bewegung hatten mich meine ganze Energie gekostet. Aber das war nicht schlimm; ich war einfach nur glücklich.

12.06.2019, MITTWOCH

Nach dem Schlafen war ich trotzdem noch ziemlich müde, weil es gestern wohl doch anstrengender war als gedacht. Es ging mir aber soweit ganz gut. Ich lag in meinem Bett und wartete auf die Visite der Ärzte.

Die Ärzte kamen mit einem Grinsen auf dem Gesicht in mein Zimmer. Es war ein bisschen komisch. Sie erzählten mir erstmal, dass alles soweit gut läuft und dass sie sich das alles gar nicht besser vorstellen könnten. Ich meinte, dass ich sicher bin, dass Gott das gemacht hat, sie guckten ein bisschen komisch, nickten aber.

Und dann sagte eine Ärztin etwas, womit ich gar nicht gerechnet habe. Sie meinte, ich darf am Freitag nach Hause, wenn ich will. Ich saß ein wenig geschockt da, meinen Mund und meine Augen weit aufgerissen, irgendwie verstand ich das nicht so ganz. Ich fragte, ob sie sich sicher sind und alle nickten. Das war die beste Nachricht seit langem.

Ich wusste, dass Gott groß ist, aber ich muss ehrlich sagen, dass ich mit so einer vorzeitigen Entlassung

nicht gerechnet habe. Das Minimum eines Kranken-
hausaufenthalts bei so einer Transplantation sind sechs
Wochen.

Der Freitag, wo ich nun entlassen werden sollte, war der 14. Juni, und da wären es gerade einmal
fünf Wochen und zwei Tage. Wie unbegreiflich! Ich
habe gelernt, meinen Gott niemals zu unterschätzen.
Als ich heute den Stationsflur entlang ging, standen
alle Schwestern am Rand und ich sah jeder einzelnen
an, dass sie es nicht glauben konnte. Ich ging meiner
Mama entgegen, die gerade mit Besuch aus der Gemeinde auf die Station gekommen war, und erzählte
es ihr. Sie musste sich erst einmal setzen, weil sie es
auch nicht fassen konnte. Sie war so glücklich. Auch
die Eltern der anderen kleinen Patienten auf der Station hatten davon gehört und meine Mama konnte
auch dort ein Zeugnis sein und erzählen, dass das Gott
zu verdanken war. Ich war einfach dankbar an diesem
Abend und voller Vorfreude auf Zuhause.

13.06.2019, DONNERSTAG

Heute ging es mir sehr gut. Ich war aufgeregt, weil es
morgen nach Hause gehen sollte. Ich fing an, meine
Sachen zu packen, alles zusammen zu suchen und die
letzten Vorbereitungen zu treffen, wie zum Beispiel
den Medikamentenplan mit der Schwester zu bespre-
chen oder zu lernen, wie ich mir meine Medikamente

selbst vorbereite. Aber das war leicht, denn darin bin ich schon Profi.

Es war einfach der vorletzte Tag im Krankenhaus. So richtig begreifen konnte ich das immer noch nicht. Ich wette, ich kann diese Nacht nicht schlafen, so aufgeregt wie ich bin.

14.06.2019, FREITAG

Tatsächlich hatte ich diese Nacht vor Aufregung kaum geschlafen. Und morgens kam dann auch schon die Ärztin und meinte, dass wir endlich den Katheter von meinem Hals ziehen können. Als erstes entfernte sie die Pflaster und schnitt dann mit einer kleinen Schere die Fäden ab, mit denen der Katheter festgenäht war. Dann zog sie den 15 Zentimeter langen Schlauch aus meiner Halsvene und drückte die offene Stelle schnell mit einem Tupfer fest. Ich war heilfroh, dass dieses »Ding« endlich draußen war. Und das Herausziehen tat auch gar nicht weh; es zwickte nur ein wenig und war schnell vorbei.

Das Schlimmste für heute war also überstanden und so machte ich mich daran, die restlichen Sachen zusammenzupacken. Nachdem das getan war, saß ich in meinem Zimmer und wartete ungeduldig auf meine Mum. Als sie schließlich alle ihre Sachen zum Auto transportiert hatte, brachte sie auch meine Sachen dahin. Ich stand an meinem Fenster und schaute noch einmal nach draußen auf meine Aussicht. Als Mama wieder da war, nahm ich meinen Rucksack, blickte mich noch einmal in meinem Zimmer um und schloss die Tür hinter mir. Dann machte ich mich auf den Weg zum Stationsausgang, wo meine Mama schon auf mich wartete. Auf dem Weg sagte ich noch allen Schwestern, die ich sah, auf Wiedersehen und ging dann geradewegs auf die Stationstür zu. Ich zog mir meine Schlappen aus, schlüpfte in meine Schuhe und öffnete die Tür. Ich war entlassen!

Die Zeit nach der Transplantation

Es war einfach ein atemberaubendes Gefühl, meine Füße vor die Stationstür zu setzen, mit meinem Rucksack auf dem Rücken und mit dem Wissen, dass ich einen Fuß vor den anderen setzen kann, um mich auf den Weg nach Hause zu machen.

Ich ließ die Tür hinter mir ins Schloss fallen, drehte mich noch einmal um, um den Schwestern zu winken und ihnen trotz Mundschutz ein dankbares Lächeln zu schenken. Sie sahen zwar nur meine Augen, doch die sprühten vor Freude und Dankbarkeit. Ich war frei, ich durfte wirklich nach Hause, ich konnte es noch immer nicht glauben. Wie krass dieses Gefühl war und wie stark! Und als ich ans Heimkommen dachte, freute ich mich auch gleich wieder ein Stückchen mehr auf den Himmel. Denn das Gefühl, nach Hause zu kommen, ist einfach himmlisch, und im Himmel werde ich dann in mein echtes Zuhause eingehen, zu meinem Vater im Himmel. Wie viel größer wird da erst die Freude sein!

Doch zurück zu meinem Entlassungstag. Nachdem ich den Schwestern gewunken hatte, war der Fahrstuhl auch schon da. Treppen konnte ich noch nicht laufen; dafür fehlte mir die Kraft. Also stieg ich in den Fahrstuhl und fuhr hinunter in die Etage mit dem Ausgang. Unten vom Fahrstuhl aus waren es nur noch ein paar Schritte bis zum Ausgang, bis zur Tür zurück ins Leben, in mein neues Leben.

Um noch einmal durchzuatmen, setzte ich mich kurz in den Eingangsbereich, um meine Kräfte zu sammeln. An Mamas Seite ging es dann Richtung Auto.

Beim Auto angekommen, war ich sehr erschöpft, aber auch glücklich, es bis zum Auto geschafft zu haben. Als wir eingestiegen waren, beteten wir und dankten Gott für seine Güte; wir beteten für Bewahrung auf der Fahrt und fuhren los.

Ich schlief die ganze Fahrt über, eigentlich wie immer. Ich kann mich nicht erinnern, eine einzige Fahrt zur Klinik nach Hannover oder zurück komplett wach gewesen zu sein. Kleiner Funfact: Ich kenne die Strecke nach Hannover immer noch nicht auswendig. Obwohl ich sicher schon mehr als hundert Mal dort in der Klinik war, habe ich die Strecke noch nie komplett mitbekommen.

Übrigens hatten Mama und ich zu Hause niemandem gesagt, dass ich entlassen wurde. Als wir dann zu Hause ankamen, war die Überraschung mehr als groß, denn keiner hatte mit so einer frühzeitigen Entlassung gerechnet.

Zu Hause ging es erstmal direkt ins Bett. Ich war müde und erschöpft. Glücklicherweise hatten wir mein Zimmer vorübergehend ins Gästezimmer im Erdgeschoss verlegt. Das heißt, ich musste nur eine

Treppe hochgehen und hatte mein eigenes Bad, was ziemlich gut ist. Nach so einer Transplantation ist man sehr anfällig für Infekte und es war gut, dass ich mir das Bad dann nicht mit meiner Familie teilen musste. Zum anderen ist die Küche genau auf der Etage des Gästezimmers, was es noch einfacher für mich machte.

Da ich jetzt quasi in Isolation leben musste, mussten sich alle ständig die Hände desinfizieren, vor allem meine Familie. Alle, die mich besuchen wollten, mussten kerngesund sein und sich sowohl die Hände waschen als auch desinfizieren. Mein Zimmer musste jeden Tag gesaugt werden. Und jeden zweiten Tag musste einmal durchgewischt werden. Ich durfte nicht putzen, um nicht unnötig mit Keimen in Berührung zu kommen, also übernahm meine Familie das. Sie sind Helden für mich – nicht nur wegen des Putzens.

Das Schlimmste war für mich aber die bereits erwähnte Essensregelung, die ich im Folgenden noch näher beschreibe, und dass ich nicht unter Menschen durfte, auch nicht in den Gottesdienst.

Das mit dem Essen war für mich fast das Härteste. Ich durfte nichts essen, was länger als 24 Stunden offen war. Meine Mum musste jeden Tag frisch kochen, da ich nichts Aufgewärmtes vom Vortag essen durfte. Wenn ich doch mal etwas essen wollte, was zum Beispiel schon zwei Stunden alt und bereits abgekühlt war, musste es mindestens zwei Minuten in der Mikrowelle schmoren, bis alle Bakterien wieder abgetötet worden waren.

Genauso war es mit tiefgefrorener Nahrung: nach dem Auftauen erst durchschmoren, dann essen. Nichts der Gerichte durfte nachgewürzt werden, nur mit Salz, kein anderes Gewürz. Ebenso durfte ich nur gesalzene Chips essen mit der Ausnahme von Pom-Bär-Chips. Von denen durfte ich alle Sorten, weil das Gewürz bei dieser Chipsart bereits vor dem Frittieren auf die Chips aufgetragen wurde.

Warum ich das erzähle, kann ich ganz einfach sagen: Ich liebe Chips einfach. Alle wissen das und du jetzt auch. Wieso das mit den Gewürzen so streng war, kann ich auch kurz erklären. In jedem Gewürz außer in Salz können sich Pilze befinden, und die wären lebensgefährlich für mich geworden.

Machen wir weiter mit Obst und Gemüse. Hier galt: Was nicht gekocht oder geschält werden kann, darf nicht gegessen werden. Meine Mami hat mir sogar Erdbeeren geschält, wie auch immer sie so viel Geduld aufbringen konnte. An dieser Stelle: Danke, Mama! Nicht nur für die Erdbeeren, sondern für alles.

Roher Käse, Lachs oder andere rohe Lebensmittel fielen automatisch weg. Das wars so im Groben und Ganzen. Heute bin ich unglaublich dankbar, dass ich wieder fast alles essen darf.

Kurz nach dem Krankenhausaufenthalt beendete ich die Beziehung zu meinem Freund. Gott zeigte mir, dass das einfach nicht das Richtige war. Aus Respekt ihm gegenüber werde ich keine weiteren Details nennen. Ich denke, das ist verständlich.

Ich fühlte mich einsam, schwach und furchtbar verloren in den Weiten meiner Gedanken, aber Gott hielt treu meine Hand und mit der Zeit heilte er mein Herz, aber es würde dauern.

Das Virus

Einen Monat nach meiner Entlassung bekam ich plötzlich hohes Fieber. Ich fühlte mich elendig, und so machten meine Mama und ich uns auf den Weg nach Hannover, direkt zu Medizinischen Hochschule. Dort angekommen merkte ich, wie ich immer schwächer wurde. Im Aufnahmezimmer stieg das Fieber noch weiter an. Ich fror und zitterte am ganzen Körper. Als das Fieber richtig hoch war, wurde mir schrecklich heiß.

Es dauerte ein bisschen, bis ich auf einem Krankenzimmer war. Aber dann war ich froh und dankbar, einfach nur in mein Bett fallen zu dürfen. Mir ging es schlecht und die Ärzte wussten nicht, was mit mir ist. Alle Tests waren ohne Ergebnis und sie wurden ziemlich ratlos. Ich bekam Wunden im Mund und aß fast nichts mehr. Ich wurde schwächer und schwächer und war schließlich tatsächlich kraftloser als bei der Transplantation selbst.

Ich verlor nochmal einiges an Gewicht und war körperlich einfach nur ausgelaugt. Durch die Chemotherapie und die ganzen Medikamente waren meine Venen arg in Mitleidenschaft gezogen und die Zugänge (die Einstichstellen für die Infusion) gingen immer wieder kaputt. Und wenn der Zugang einwandfrei war, dann ging die Vene kaputt. Innerhalb von vierzehn Tagen hatte ich zehn Zugänge gelegt bekommen. Und immer, wenn ein Zugang kaputt ging, weinte ich. Ich hatte Schmerzen und ich hatte Angst vor den Schmerzen, die mir der nächste Zugang bescheren würde.

Ich weinte in dieser Zeit sehr, sehr viel. Nach zehn Tagen war das Fieber immer noch nicht weg. Die Ärzte waren ratlos und wieder einmal war mein Körper ein Phänomen. Dann kam der Teufel ins Spiel. Da, wo ich am schwächsten war. In der Tiefe meiner Schwäche fing er an mich zu versuchen. Ich hatte Angst, die Augen zu schließen, und ich schlief eigentlich durchgehend. In dieser Zeit war ich selten gut ansprechbar.

Die Ärzte suchten nach der Ursache für das Fieber, aber sie fanden nichts. Als dann plötzlich auch noch mein Blutbild schlecht wurde und ich Blutinfusionen bekam, war ich wirklich am Ende.

Ich erinnere mich noch sehr gut an eine Nacht. Ich lag wach. Der Sauerstoffschlauch in meiner Nase, ich einfach nur kraftlos im Bett und ich lag da und weinte. Ich weinte bittere Tränen und die Schmerzen waren kaum auszuhalten. Ich weinte und hörte nicht mehr auf. Ich wollte heim zu Jesus, aber es war eben noch nicht der Zeitpunkt. Ich hatte keinen Appetit, keinen Hunger und ich bekam schlecht Luft. Ich fühlte mich elendig, und trotzdem: Auch wenn ich sichtbar allein in diesem Raum war, war ich doch nicht verlassen, denn Jesus ist, war und bleibt stets treu.

Mein Körper war am kämpfen und meine Seele auch. Während dieser zwei Wochen im Krankenhaus lernte ich Leonie kennen. Die Schwestern hatten immer mal wieder davon erzählt, dass das Mädchen im Zimmer neben mir sehr zu kämpfen hat. So schrieb ich der kleinen 11-jährigen Leo eine kleine Karte, um sie zu ermutigen. Durch die Schwestern tauschten wir dann Nummern aus und fingen an, uns über unsere Handys zu schreiben. Wir durften uns zwar nicht treffen, weil wir beide isoliert waren, aber dank der Technik konnten wir uns per WhatsApp kennen lernen.

Ich hatte Leonie sehr liebgewonnen, auch wenn ich noch nie persönlich mit ihr geredet hatte. Ich schloss ihr kleines Herz in meins. An einem Tag kam die Erzieherin der Station mit einem Bild in mein Zimmer. Leo hatte mein Profilbild für mich abgemalt und hatte mir das Bild geschenkt. Ich war sprachlos und dankbar. Plötzlich schrieb Leonie mir nicht mehr, denn sie lag auf der Intensivstation. Das hat mich sehr getroffen, denn es ist immer hart zu sehen, wenn Menschen, die man gern hat, leiden.

Als ich plötzlich entlassen wurde, bekam ich nicht mehr so viel von ihr mit. Auch die Anfechtungen wurden immer schlimmer. Es wurde so schlimm, dass ich weder beten noch die Bibel lesen konnte. Ich fühlte mich schrecklich, wie eine Versagerin.

Hinzu kam, dass diese Virus-Infektion noch einige Folgen hatte. Wenn ich auf Toilette ging, hatte ich starke Schmerzen. Und es wurde immer schlimmer. Ich hatte nach dem Virus eine Zystitis, also eine Blasen- und Harnwegsinfektion bekommen. Ich hatte Angst, auf die Toilette zu gehen. Und wenn ich dann auf der Toilette saß, schrie ich. Die Schmerzen waren nicht auszuhalten. Weinend saß ich dann auf dem Klo. Es war ein Albtraum, der nicht zu enden schien. Immer wieder sagte ich die Worte: »Ich kann und will nicht mehr!« Diese Schmerzen waren der Horror für mich und auch für meine Familie, denn sie konnten mir nicht helfen, auch wenn sie wollten. Einmal saß meine Schwester mit mir nachts im Badezimmer und weinte einfach mit mir.

In der Zwischenzeit setzte ich mich innerlich immer noch sehr stark mit dem Teufel auseinander, der mich einfach nicht in Ruhe lassen wollte. Ich aß kaum und lag einfach nur im Bett. Alles machte mir einfach nur noch zu schaffen.

An einem Tag ging ich dann zu meiner Mama. Ich erzählte ihr, wie schlecht es mir wirklich ging. Unter Tränen bat ich sie und Papa, für mich zu beten, weil ich einfach nicht mehr konnte. Ich war verzweifelt, weil ich nicht selbst für mich beten konnte.

Gott ist groß und er zeigte das auch wieder in dieser Situation. Ein paar wenige Tage später schrie ich zu Gott und betete, dass er im Namen Jesu den Teufel verschwinden lassen möge. Ich schloss die Augen und öffnete sie wieder und ich war frei!

Fast zur gleichen Zeit wurden auch die Schmerzen, die ich hatte, weniger. Ich war so dankbar! In meinem Kopf war die ganze Zeit dieser Gedanke, dass ich andauernd gesagt habe, dass ich es nicht schaffe. Und damit hatte ich vollkommen recht. Denn allein Gott kann »es schaffen« und er hat es geschafft und hat mich durchgetragen. Er trug mich auf Händen durch dieses brennende Tal. Allein durch seine Kraft und durch ihn wurde ich wieder frei!

Obwohl ich fast keine Schmerzen mehr hatte, musste ich zur Nachbehandlung nach Hannover. Dieser Termin entpuppte sich dann als absoluter Horrortrip. Das Medikament, das ich dort bekam, löste bei mir eine allergische Reaktion aus. Meine komplette linke Körperhälfte wurde taub. Alle Kanülen gingen an diesem Tag kaputt und die Flüssigkeit floss in das Gewebe. Im Endeffekt wurde alles abgebrochen und ich durfte nach Hause fahren. Da wollte ich auch nur noch hin.

Bis Tag 100 nach der Transplantation musste ich isoliert bleiben. Tag 100 ist der Tag der Tage. Ich bin so dankbar für jeden, der mich besucht und an mich gedacht hat, weil ich mich teilweise auch sehr allein gefühlte habe. Alles war ein wenig komisch, die Essensregeln nervten und eigentlich wollte ich einfach nur noch, dass das alles vorbei ist und ich endlich leben konnte.

Weiterleben

Am 30. August 2019 war Tag 100 gekommen. Der Tag, auf den ich und alle anderen so lang hin gefiebert haben. Der lang ersehnte Tag. Tag 100 bedeutet, dass das Gröbste überstanden ist. An diesem Tag schrieb ich:

Manchmal bin ich Müde. Müde mich jeden Tag in den Tag zu kämpfen, müde auf keimreduziertes Essen zu achten, auf viele Dinge, die ich mag, zu verzichten. Müde, das Leben zu verpassen.

Trotz allem geht es weiter. Ich denke oft, ich kann nicht mehr, dann ist die Situation durchgestanden und ich konnte mit Gottes Hilfe wirklich durchgehen. Durch alle Lebenslagen trägt er mich, wie schwer es auch ist. Ich bin dankbar, dass ich ihn an meiner Seite habe und niemals allein bin, auch wenn ich mich manchmal menschlich gesehen so fühle.

Es gibt nicht nur Sonnenschein, sondern auch Regen, doch dadurch kann ich wachsen und meinen Vater im Himmel näher kennen lernen. Er trägt, jeden Tag ein Stückchen, doch es geht vorwärts.

Jetzt wurden die ganzen Hygienemaßnahmen und Essensregeln gelockert. Ich durfte wieder unter Menschen – zwar eingeschränkt und nur unter einer bestimmten Anzahl Personen, und auch nur mit Mundschutz, aber immerhin. Alles ein Schritt in Richtung Leben.

Ich hatte an diesem Tag auch eine große Abschlussuntersuchung. Das Herz und auch die Lunge wurden untersucht. Zusätzlich wurde noch jede Menge Blut abgenommen, um alles Mögliche untersuchen zu können. Wegen der ganzen kaputten Zugänge hasste ich seit meinem letzten Krankenhausaufenthalt Blutentnahmen. Auch heute hatte ich Angst und es klappte auch erst beim zweiten Stechen.

Nach dem Ganzen saßen meine Mama und ich und warteten auf die vorläufigen Untersuchungsergebnisse. Ein bisschen nervös war ich schon, denn das würde über die weitere Behandlung entscheiden – und ich will ehrlich sein: Ich hatte keine Lust mehr auf weitere Prozeduren, auch die Kraft dafür hätte mir gefehlt.

Herz und Lunge zeigten Gott sei Dank keine neuen Schäden. Auch die Blutuntersuchung war, allen zur Freude, besser als erwartet. Der Arzt war begeistert. Ich war Gott so unendlich dankbar, es hätte nicht besser laufen können. Gott ist gut. Er war gut. Und er wird immer gut sein, komme was wolle. Und auch wenn es nicht so glatt gelaufen wäre, wüsste ich, dass seine Gegenwart niemals von mir weichen würde.

So glatt dieser Termin verlaufen war, lief es danach jedoch nicht immer. Und nicht alles war super, aber damit hatten wir gerechnet. Ich bekam schleichend fürchterlichen Juckreiz. Von Tag zu Tag wurde es schlimmer. Erst dachten wir, es sei eine Reaktion auf ein Medikament. Also wurde es abgesetzt, obwohl das Risiko eigentlich viel zu hoch war, aber dieser Juckreiz machte mich total verrückt. Ich konnte mich auf nichts anderes mehr konzentrieren als das.

Als meine Augen anschwollen und um sie herum alles rot wurde, schickte mein Arzt in Hannover mich zu einem Hautarzt. Neurodermitis lautete die Diagnose. Also alles von vorne, alle möglichen Cremes und Cortisonsalben wurden verschrieben. Doch auch zwanzig Cremes später war es nicht besser.

Ich kämpfe immer noch damit. Dieser Juckreiz machte mich verrückt. Ich dachte, ich werde wahnsinnig. Ich kann dir gar nicht beschreiben, wie dieser Juckreiz mich beeinträchtigte. Wenn man es selbst nicht hat, kann man wohl auch nicht nachvollziehen, wie schlimm »nur« Juckreiz sein kann. Es wurde mal besser, mal schlechter und ein Schub folgte dem anderen.

Und das Schlimme war: Weil die Hautbarriere so verletzt war, fror ich sehr stark. Es war Sommer und ich lief im Pulli herum. Ich hatte immer mehrere Schichten an.

Doch nun mal ein anderes Thema, denn in der Zwischenzeit bin ich endlich wieder zurück in mein altes Zimmer gezogen. Das ist eines der schönsten Gefühle seit langem. Endlich wieder ein Stück normales Leben. Mein eigenes Bett, mein Schrank und all mein Zeug beisammen. Wir erinnern uns kurz daran, dass ich für die Transplantationszeit ins Gästezimmer gezogen war und dabei waren alle meine Sachen verteilt, manche unten, manche oben und manche sogar in den Zimmern meiner Schwestern. Jetzt war alles wieder in einem Raum. So ein tolles und beruhigendes Gefühl!

Besondere Tage

Ich will euch von einigen besonderen Tagen erzählen, zuerst dem 22. September 2019. An diesem sonnigen Sonntag machten wir als Familie zum ersten Mal einen Ausflug nach dieser langen Zeit. Wir fuhren in einen Botanischen Garten. Weil es draußen war, musste ich keinen Mundschutz tragen. Ich genoss jede Minute und sog förmlich alles in mich auf. Ich trug ein schwarzes Kopftuch und ein Kleid mit Leoprint. Ich habe mich so gefreut, endlich mal nicht nur in Jogginghose und Hoodie rumzulaufen, denn das war sonst mein tägliches Outfit zu Hause gewesen.

In dem Botanischen Garten war es wunderschön. Die Blumen und das ganze Drumherum eigneten sich hervorragend für ein paar Fotos. Für ein Bild zog ich tatsächlich sogar mein Tuch von meinem kahlen Kopf, denn es war angenehm warm, sodass ich nicht fror. Ich spürte die neugierigen, bemitleidenden und starrenden Blicke der Leute. Im ersten Moment fühlte ich mich unwohl. Ich war unsicher, denn so war ich noch nirgends gesehen worden. Ich entschied mich aber dafür, dass mir diese Blicke egal sind. Zu meiner Überraschung fühlte ich mich nämlich sehr wohl. Die Sonne und der warme Wind fühlten sich auf meiner Kopfhaut ziemlich gut an. Übrigens hatte ich mich bewusst gegen eine Perücke entschieden. Erstens wäre das viel zu teuer und zweitens hätte ich sie wahrscheinlich sowieso nicht getragen, denn ich mochte die Tücher und Mützen. Das war einfach, angenehm und super gemütlich.

Am darauffolgenden Sonntag, dem 29. September, war wieder ein besonderer Tag, den ich dir auch nicht vorenthalten will, denn es ging für mich zum ersten Mal wieder in den Gottesdienst. Zum ersten Mal seit dem 9. Mai. So lange Zeit habe ich den Gottesdienst immer von zu Hause aus gehört. Für diese Möglichkeit bin ich auch sehr dankbar. Aber den Gottesdienst live mitzuerleben, ist nochmal so anders und ich habe es dadurch viel mehr zu schätzen gelernt. Es ist doch schade, dass man viele Dinge erst dann zu schätzen weiß, wenn man sie nicht mehr hat. Es ist mir bewusst geworden, dass ich viele Vorrechte einfach für selbstverständlich genommen habe. Deshalb möchte ich dich an dieser Stelle ermutigen, dass du das schätzen lernst, was du hast und für selbstverständlich hältst. Und sei es allein die gute Mahlzeit, die du heute zu dir genommen hast.

Mein Leben brachte mir in so kurzer Zeit noch so viel mehr bei. Ich lernte, dass die Meinung von Jesus über mich so viel mehr wert ist als jede Meinung von Menschen. Ich durfte lernen, dass allein Jesus zählt und man sich nicht auf sich selbst verlassen sollte. Denn wer bin ich schon, dass ich denke, alles aus eigener Kraft tun zu können.

Jesus ist nun alles, was ich brauche. Auch wenn ich nicht perfekt bin, ist er bei mir, denn da, wo die Sünde groß ist, ist seine Gnade größer (nach Römer 5,20).

Gott ist so gut

Im Oktober sind wir mit der Familie für ein paar Tage an die Nordsee gefahren und haben es einfach nur genossen, uns zu haben. Ich kann es immer noch nicht fassen, dass ich tatsächlich das alles überlebt habe.

Übrigens bin ich an der Nordsee sage und schreibe 15 Kilometer gewandert, aber sicherlich nicht aus meiner eigenen Kraft. Gott ist einfach unbegreiflich groß. Tränen der Dankbarkeit fließen immer wieder über mein Gesicht und eine Gänsehaut überkommt mich.

Denn es geht nicht für alle Kranken so aus und das ist mir völlig klar und bewusst. Am 4. Oktober 2019 starb Leonie an der Leukämie. Ein trauriger Tag. Wieder war ein Mensch gestorben, der mir wichtig war. Ich hoffe so sehr, dass ich die Kleine im Himmel wiedertreffe, denn Gott hat das letzte Wort, da bin ich mir sicher.

Am 5. Februar 2019 hatte ich meinen 19. Geburtstag mit dem Gedanken gefeiert, dass es vielleicht der letzte sein könnte. Am 5. Februar 2020 feierte ich meinen 20. Geburtstag in der Reha, wo ich körperlich wiederaufgebaut wurde. Ich feierte ihn mit Menschen, die auch so einiges durchlebt hatten und die ich sehr in mein Herz geschlossen habe. Ich bekam Kuchen und Kerzen und supersüße Geschenke.

Weißt du, dieser Geburtstag war der erste mit meinem neuen Blut, nicht wirklich meins, aber irgendwie auch schon. Ich war voller Zuversicht, dass ich am 22. Mai 2020 meinen allerersten »zweiten« leiblichen Geburtstag feiern kann, den Transplantationstag. Kann mir bitte einer erklären, wie heftig das eigentlich ist? Ich befürchte, mein Verstand ist einfach zu klein, um all das, was Gott in meinem Leben getan hat, zu begreifen.

So Gott will und ich lebe, fange ich im September 2020 eine Ausbildung an. Dieser Ausbildungsplatz war eine Führung Gottes. Eigentlich sprach so vieles dagegen, doch was können Menschen schon ausrichten, wenn Gott am Werk ist! Es ist alles so viel und so gut.

Ich werde zwar erst so richtig gesund sein, wenn ich bei Jesus im Himmel bin, und ich werde in der neuen Schöpfung und Auferstehung einen neuen, perfekt gesunden Körper bekommen, aber dieses Ergebnis hier und jetzt ist schon so viel besser, als meine Gesundheit es jemals war. Das Beste kommt noch, da bin ich mir sicher.

Ich fühlte mich mein ganzes Leben wie in einer Blase, gefangen in meiner eigenen Welt. Aber jetzt darf ich leben. Und mit Gott an meiner Seite – was kann da schon schief gehen! Ich kämpfe weiter und Jesus kämpft direkt an meiner Seite, direkt neben mir, mit mir und für mich. Was für eine Zuversicht!

An dieser Stelle möchte ich aber noch einmal anmerken, dass jetzt nicht alles perfekt ist. Die Chemotherapie und die Menge der Medikamente, die ich mein Leben lang nehmen musste, haben meinen Körper ziemlich zerstört. Ich kämpfe immer noch mit gesundheitlichen Problemen wie einem kaputten Magen-Darm-Trakt oder hormonellen Problemen. Neurodermitis und andere Kleinigkeiten können auch für den einen oder andern Tag zu größeren Problemen werden. Ich werde bestimmt noch Jahre brauchen, um mein ganzes Leben verarbeiten zu können, denn bis jetzt musste ich einfach immer nur funktionieren.

Doch ich weiß, dass Gott gut ist, in jeder Lebenslage. Gott ist nicht gut, weil das Leben gut ist, und er ist auch nicht situationsabhängig gut; Gott ist immer und ewig gut. Und nebenbei: Das Leben eines Christen muss nicht perfekt sein. Ganz und gar nicht. Meine Geschichte ist hier noch lange nicht zu Ende, da bin ich mir sicher. Und wenn du jetzt denkst, dass Gott Großes an mir getan hat, hast du recht! Weißt du was, im Prinzip will er das Gleiche auch in deinem Leben tun. Jesus ist König und mein Leben gehört ihm. Was ist mit deinem?

In diesem Sinne möchte ich dir den Segen Gottes wünschen und dich seinen Händen anbefehlen. Er ist real und definitiv heilsrelevant, denn er rettet. Und als kleine Ermutigung hier mein Lieblingsvers für dich:

Denn die Berge mögen weichen und die Hügel wanken, aber meine Gnade wird nicht von dir weichen und mein Friedensbund nicht wanken, spricht der HERR, dein Erbarmer. (Jesaja 54,10)

Instagram

Wenn du mehr über Jesus wissen und seinen Weg mit mir weiterverfolgen willst, dann schau auf Instagram vorbei, dort heiße ich @caro.derksen. Oder schreib mir einfach eine E-Mail, wenn du Fragen hast, an caroderksen00@gmail.com

Im Folgenden ein paar meiner Texte, die ich auf Instagram geschrieben habe.

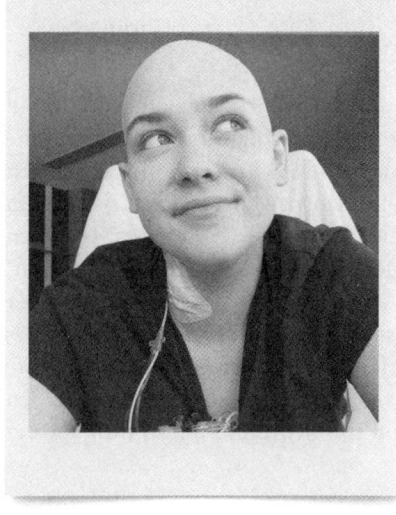

02.06.2019

Ich bin wirklich dankbar und gesegnet!

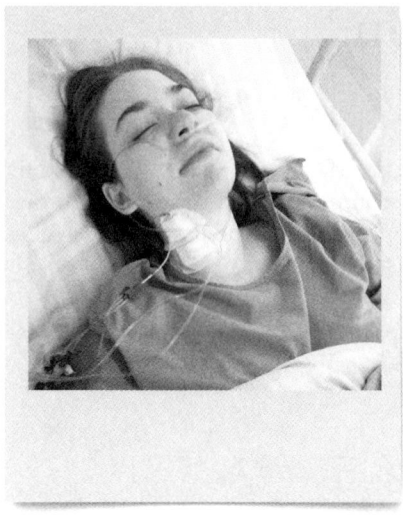

25.06.2019

Zu der Zeit, wo es mir wirklich nicht gut ging. Man will auf Instagram ja immer gerne nur die Momente zeigen, die gut sind oder waren. Auf dem Bild hatte ich die Schmerzen überhaupt, aber ich habe meiner Mama gesagt, sie soll ein Bild von mir machen, wo ich lächle, damit die Menschen sehen, dass es mir gut geht. Dank Gott hatte ich die Kraft, alles positiv zu sehen. Auch wenn es sicher nicht immer leicht war und auch ist. Bin so unfassbar glücklich, dass mein Leben in seiner Hand liegt, denn er macht das Beste draus, da bin ich mir sicher. Ich bin so gespannt auf den weiteren Weg, den er mit mir geht, und bin so froh, dass er mich niemals verlässt.

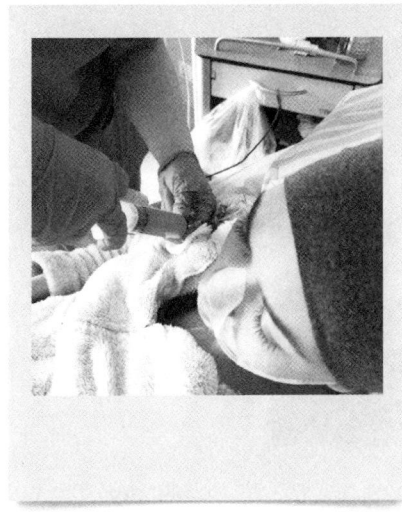

06.07.2019

Vielen Dank an den Spender!

Am 22.05. 2019 habe ich meine neuen Stammzellen bekommen. Und es ist absolut nicht selbstverständlich, dass jeder, der einen Spender braucht, auch einen passenden findet. Ich habe den Segen erfahren dürfen, direkt einen identischen Fremdspender zu haben. Meine Geschwister haben leider nicht zu mir gepasst und ich war darauf angewiesen.

Aber es gibt so viele Menschen, die einen Spender brauchen und für die keiner gefunden wird; sie leben unter der ständigen Angst zu sterben und bekommen ständig Bluttransfusionen.

Deswegen: Wenn ihr die Möglichkeit habt, lasst euch als Spender für Blut, Stammzellen oder Knochenmark eintragen. Es ist so, so wichtig für viele Menschen und doch so einfach. Ich bin so dankbar für die neue Lebensqualität und die Chance, die ich von Gott und dem Spender bekommen habe. Ich freue mich, den Spender in 2 Jahren eventuell kennen lernen zu dürfen.

30.08.2019

Manchmal bin ich Müde.

Müde, mich jeden Tag in den Tag zu kämpfen, müde auf keimreduziertes Essen zu achten, auf viele Dinge, die ich mag, zu verzichten, müde, das Leben zu verpassen.

Trotz allem geht es weiter. Ich denke oft, ich kann nicht mehr, dann ist die Situation durchgestanden und ich konnte mit Gottes Hilfe wirklich durchgehn. Durch alle Lebenslagen trägt er mich, wie schwer es auch ist. Ich bin dankbar, dass ich ihn an meiner Seite habe und niemals allein bin, auch wenn ich mich manchmal menschlich gesehen so fühle. Es gibt nicht nur Sonnenschein, sondern auch Regen, doch dadurch kann ich wachsen und meinen Vater im Himmel näher kennen lernen.

Er trägt, jeden Tag ein Stückchen, doch es geht vorwärts.

Tag 100 erreicht! Dank an meinen großen Gott, ohne den ich wirklich nicht hier wäre.

03.09.2019

Ob Gut oder schlecht, egal was passiert, es passiert aus einem Grund, und es dient zum Besten.

Damals habe ich mich immer gefragt: Wieso ich? Wieso muss ich krank sein? Ich kam damit nicht klar und viele andere auch nicht, wodurch es immer wieder Probleme gab. Mein Umfeld hat mich nicht verstanden.

Doch dann ist mir bewusst geworden, dass Gott einen Plan hat und mir alles zum Besten dient (nach Römer 8,28).

Es hat alles eine ganz neue Bedeutung bekommen.

Ich kann heute sagen: Ich bin dankbar dafür, dankbar diesen Weg zu gehen, und dürfte ich wählen, würde ich mich immer wieder für mein Leben entscheiden.

Gott hat einen Plan mit mir und mit jedem von euch!

07.09.2019

Fallen.
Fallen fühlt sich doof an.
Am Boden zu liegen und keine Kraft zu haben.
Es ist nicht angenehm sich einzugestehen, dass es gerade ohne Hilfe nicht geht. Seine Schwächen zu zeigen, auch wenn es menschlich ist, ist manchmal hart.
Ich bin nicht immer stark, auch nicht immer gut drauf. Momentan läuft es einfach blöd, fühle mich schwach, es zurzeit zu tragen. Es erdrückt mich, doch ich sage immer: alles gut, das wird wieder. Ich weiß, dass es so ist, doch in dem Moment fühlt es sich nicht so an. Manchmal muss ich weinen und will nicht, dass mich jemand sieht.
Aber einer sieht mich immer – mein Vater im Himmel.
Er sagt in seinem Wort, dass seine Kraft gerade in den Schwachen mächtig ist (nach 2. Korinther 12,9). Wie gut es sich anfühlt zu wissen, dass man gerade schwach sein darf, damit Gott sich verherrlicht!
Gott trägt durch.

18.09.2019

»Er hat mir neue Kraft geschenkt und mich beschützt. Ich habe ihm vertraut, und er hat mir geholfen. Jetzt kann ich wieder von Herzen jubeln! Mit meinem Lied will ich ihm danken.« (Psalm 28,7)
Just worship him!
Er richtet mich auf, wenn ich falle
und führet meine Schritte.
Er liebt uns alle
und hört jede Bitte.
Einsam muss ich auch nicht sein,
denn er lässt mich nie allein.
Reicht mir seine Hand
und führt mich in sein Heimatland.

23.09.2019

Angst.
Angst vor Blicken.
Angst vor Menschen.
Angst, nicht gut genug zu sein.
Angst vor Übelkeit, Erbrechen.
Angst vor Nebenwirkungen.
So viele Gedanken, die mir im Kopf rumschwirrten,
als ich gesagt bekommen habe, dass Chemotherapie zu
einer Transplantation dazu gehört und ich meine Haare
verlieren würde, und ich so darunter leiden müsste.
Ich hatte Angst, und die Zeit vor meinem Krankenhaus-
aufenthalt war intensiv und super anstrengend.
Ich musste lernen, meine Angst komplett abzugeben,
an meinen Gott.
Ich konnte die ganze Zeit über alles ruhig über mich
ergehen lassen, weil ich wusste, dass Gott mich trägt.

»Dies habe ich mit euch geredet, damit ihr in mir Frieden
habt. In der Welt habt ihr Angst; aber seid getrost,
ich habe die Welt überwunden.« (Johannes 16,33)
Er hat mir Frieden geschenkt.
Als meine Haare dann aber tatsächlich ab waren,
so komplett, musste ich weinen. Haare waren mir immer
so wichtig, doch Gott nimmt mich ja auch ohne Haare an
und er hat mich getröstet.
Die Zeiten sind hart, doch mit ihm hab ich auch Gründe
zu lächeln. Er macht mich froh und hilft mir zu lachen,
auch wenn es schwer ist.
Er nimmt mir meine Angst.

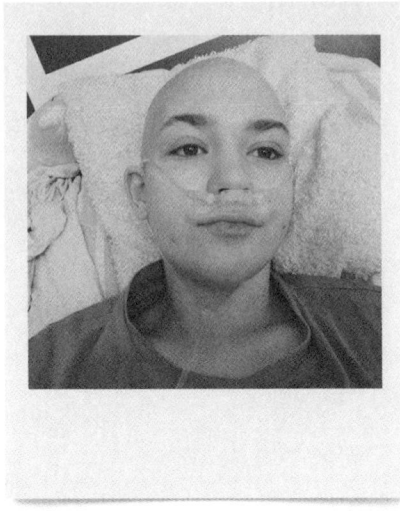

07.11.2019

#throwback picture.

Ich sitze hier auf dem Sofa und kann nicht fassen, dass die Zeit einfach fliegt. Meine Transplantation ist schon gefühlt so lange her. Die schlimmste und gleichzeitig schönste Zeit meines Lebens – einfach an mir vorbeigezogen.

Wenn ich so an die Zeit zurückdenke, in der ich auf dem Bild war, kann ich es kaum glauben. Es war einfach so unfassbar intensiv und prägend.

Diese Zeit hat mich meinem himmlischen Vater so viel näher gebracht und ich würde mal behaupten, dass war es wert. Gut genutzte Zeit! Wenn auch ein wenig schwierig, aber überhaupt nicht verschwendet.

In weniger als 2 Monaten ist dieses Jahr vorbei und ich will einfach mal die Frage in den Raum setzen: Hast du dieses Jahr sinnvoll verbracht? Hast du deine Zeit so genutzt, dass du jetzt sagen kannst, es hat sich gelohnt? Oder hast du dich bei Dingen aufgehalten, die sinnlos und eine Zeitverschwendung waren? Nutze deine Zeit sinnvoll! Nutze sie für Gott!

09.11.2019

Ich hatte heute eine kleine Wunde, in der sich Eiter gesammelt hat. Ich hatte ein bisschen Angst, dass es sich mehr und mehr entzündet. Ich hab es desinfiziert, und als ich ein paar Stunden später das Pflaster abnahm, war es schon fast wieder weg.
Wieso erzähle ich das? Damals, als ich noch mein altes Immunsystem hatte, hat sich aus jeder kleinen Wunde eine fette Entzündung oder sogar eine Blutvergiftung entwickelt. Jetzt, nach der Transplantation, kann mein neues Immunsystem endlich wieder richtig arbeiten. Auch eine Erkältung bleibt jetzt nur eine Erkältung und entwickelt sich nicht zu irgendwelchen anderen großen Problemen.
Wie wahnsinnig und krass ist das bitte! Dank Gott und der Spenderin kann mein Körper die Bakterien endlich wieder allein abwehren. Was für ein Wunder, so ein großes Geschenk. Gott hat mir eine zweite Chance geschenkt und die will ich nutzen!

22.05.2019

HAPPY ONE YEAR!

22.05.2019 – 22.05.2020

Heute feiere ich ein Jahr. Meinen Geburtstag und doch nicht so richtig. Es ist für mich so schwer in Worte zu fassen, was ich fühle. Ich habe ein drittes Mal mein Leben geschenkt bekommen. Könnt ihr euch vorstellen: Ich ging mit so einer Ungewissheit in diese schwierige Zeit, ich hätte sterben können, um es einfach mal so zu sagen. Und heute – ein Jahr, nachdem die neuen Zellen in meine Blutlaufbahn kamen – lebe ich. Ich lebe, ich atme und ich habe mehr Lebensqualität als zuvor.

Ich kann dir leider nicht sagen, dass alles perfekt ist und ich mich gesund fühle, denn ich muss mich jeden einzelnen Tag in meinem Leben wieder ins Leben kämpfen, aber ich weiß, wer an meiner Seite kämpft.

Ich will euch mal erklären, wieso ich dauernd sage, dass es das dritte Mal Leben ist. Ich bin erstens geboren aus einer Risikoschwangerschaft. Zweitens hat Jesus mich frei von Sünde gemacht, mein altes Ich ist mit ihm gestorben und ich bin von neuem geboren.

Dieses dritte Mal hatte es zwar nichts mit einer Geburt zu tun, aber Gott hat ein drittes Mal gesagt ›noch nicht‹. Aus Gründen, die mir immer noch nicht so klar sind, wollte er, dass ich lebe. Und die Spender-Zellen wurden angenommen. Wisst ihr wie häufig diese Zellen auch abgestoßen werden? Und es starben so viele Kids nach mir. Ich bin umso mehr dankbar und will mein Leben für Jesus leben. Nicht für mich oder für sonst wen, einzig und allein für meinen Erretter, der meine einzige Hoffnung ist.

13.04.2020

Gerettet aus Gnade.
Jesus hat mich frei gemacht. Er schenkte mir neues Leben,
sogar 3 Mal! Ich bin Gottes Kind. Und darf ihn meinen
Vater nennen. Was für ein großes Geschenk. Jesus hat mit
seinem Blut für meine Schuld bezahlt. Meine Schuld ist
komplett getilgt. Ich bin frei, durch ihn! Danke Jesus für
deine Liebe zu mir und zu allen Menschen!

04.08.2020

Dankbar sein.

Hier dreht es sich seit gestern sehr viel um Dankbarkeit, und in der Bibel steht sogar geschrieben »Seid in allem dankbar; denn das ist der Wille Gottes in Christus Jesus für euch« (1. Thessalonicher 5,18).

Wie krass ist das bitte, dass dort nicht steht, seid dankbar, wenn es euch gut geht, oder sei gerade dankbar, wenn es dir schlecht geht. Nein, da steht, seid in ALLEM dankbar. Ich glaube, dass Dankbarkeit uns verändert. Sie macht zufriedener, glücklicher, demütiger, gütiger und so viel mehr. Dankbarkeit verändert das Herz, und wovon das Herz voll ist, davon werden unsere Worte und Taten sprechen.

Es gelingt nicht immer, das weiß ich sehr wohl, aber ich bin mir sicher, dass Jesus uns helfen wird, wenn wir ihn darum bitten. Und wisst ihr, wir können dankbar sein in allen Dingen, weil Gott gut ist, auch wenn es das Leben oder anderen Menschen vielleicht öfter nicht sind. Er ist gut! Daran ändert sich nichts.

08.09.2019

Ich kann nicht. Aber Gott kann!

Gedanken

Tränen fließen über mein schmerzverzerrtes Gesicht,
so weitermachen geht einfach nicht.
Will mich nicht mehr verstecken.
Will nicht mehr in der Ecke an meinen Gefühlen ersticken.
Fragen über Fragen in meinem Kopf.
Was ist bloß los?
Verfolgt von meiner Angst.
Geschlagen von dem Schmerz.
Bitteres Weinen,
zerbrochenes Herz.
Ich will hier ausbrechen,
das alles überwinden.
Und tanzen im Nebel,
voller Freude, voller Lachen.
Will mich wieder glücklich sehen,
mögen auch die Stürme wehen.
Wird es auch finster um mich her,
hab ich doch keine Angst hier mehr.
Denn ich weiß, auf wen ich mich verlasse;
er ist der Grund, warum ich das verfasse.
Er ist meines Lebens Sinn,
hebt mit seiner Hand mein Kinn.
Hoch empor sind meine Blicke,
Jesus füllt die große Lücke.
Füllt mit Liebe und Wärme mich,
zeigt mir, dass ich sein darf ich.
Einzigartig bin ich ja,
voller Freude wird mir klar,

für Gott macht er mich ganz perfekt.
War voller Sünde und befleckt,
doch Jesus hat mich rein gemacht,
ich hab auch wieder mal gelacht.
Durch ihn erfahr' ich immer wieder:
Nur Menschen und ich machen mich nieder.
Er denkt immerzu an mich,
behandelt mich gar königlich.
Doch traurig sein, das darf ich auch,
dennoch nimmt er mich gern auf.
Mit Gewissheit kann ich sagen:
Mit ihm würd' ich es immer wieder wagen!
Es ist und wird nicht einfach sein,
und wenn du dich auch fühlst ganz klein.
Im Nebel wirst du doch dann sehen
Jesus vor dem Kreuze stehen.
Er nimmt dir deine schwere Last
die du bis da zu tragen hast.
Er macht dich wieder froh und leicht,
dass all der Kummer von dir weicht.
Und brechen schwere Zeiten ein,
dann tanz im Nebel – er wird bei dir sein!

HOFFNUNG

Keine Ahnung, was ich denke,
was ich fühle, weiß ich nicht.
Will nur einmal glücklich sein,
einmal stehen in dem Licht.
Sorgen, Ängste quälen mich,
machen mich kaputt.
Schwere macht sich breit in mir,

nimmt mir meine Luft.
Erdrückt, verschlossen und einsam,
sitzen ich und das andere Ich, gemeinsam,
in mir drin – kein Weg dorthin.
Wo bin ich? Wer bin ich?
Wann bin ich ich?
Wann laufe ich nicht mehr nur gegen Wände?
Wann nimmt das alles mal ein Ende?
Wieso seh ich nicht, wie viel Gutes mich umgibt?
Warum seh ich denn nicht, dass ich bin geliebt?
Blind auf meiner Reise.
Keinen Blick fürs Gute.
Doch eine Stimme flüstert leise:
Sei stark, bleib auf der Route.
Ich bin hier, ich halte dich,
führe dich in das Licht.
Vertraue mir und gib dich hin,
dann bist du am Ende im Ziele drin.
Sei bereit für schöne Stunden,
fröhliches Lachen und heilende Wunden.
Denke dran, ich bin es der,
der der Welt ist größter Herr.
Ich bin Jahwe, bin dein Gott,
bin lebendig und nicht tot.
Konzentriere mich auf dich,
bist ja auch mein teures Kind.
Du bist unfassbar wichtig für mich.
Darum bin ich immer da.
Doch du siehst mich nicht.
Bin so wie ein starker Wind,
unsichtbar, und doch spürst du mich.
Will dir nah sein,
will dich tragen,
will dir sagen, du bist mein.
Du musst nur neue Schritte wagen

und der Rest kommt von allein.
Meine Liebe zu dir, grenzenlos.
Mein starker Arm bietet dir Trost.
Ohne zu zweifeln darfst du trauen,
du musst nur auf mich schauen.
Sieh mich mit deinem Herzen an,
dann wirst du sehen, was ich kann.
Ohne zu zögern, reichst du dann,
mir die Hände,
dich zu führen, bis zum Ende,
wo die Freude und Hoffnung kein Ende kennt
und mich jeder Vater nennt!

WIESO LIEBST DU MICH NICHT WIE ICH BIN?

Mache ich alles falsch?
Ich wäre so gern perfekt.
Es allen recht machen, niemanden enttäuschen.
Das Gefühl zu haben, nie etwas gut genug zu machen
ist erniedrigend und doch ist es zu schwer,
es allen recht zu machen.
Vor allen Dingen,
wenn du nicht nach deinen Maßstäben handeln musst.
Irgendwann ist man tot
und kurz davor die Frage: Was war der Sinn?
Das war alles nicht das, wofür du stehst und was du bist.
Doch handelst du, wie es gut für dich ist,
sind andere außen vor und verletzt.
Wie soll ich mich verhalten,
mein Leben gestalten?
Alles lassen, wofür man steht,

um zu verhindern, dass jemand geht?
Meine Würde und mich selber zu verraten,
Fehler und Schmerzen verbergen und darauf warten,
mein eigenes Leben zu starten?
Wieso wird erwartet, perfekt zu sein,
das zu tun, was andere sagen, ohne sich treu zu bleiben.
Wieso wollen Menschen einen verändern?
Um eine Kopie der anderen zu sein?
Unmengen an Fragen, doch keiner beantwortet sie mir.
Verzweiflung ist das Einzige, was bleibt.
So ist es doch, oder liege ich falsch?
Sonst ist man allein,
allein, um mit seinen Fehlern zu leben
und seine Schmerzen nicht mehr zu verbergen.
Doch allein zu sein, wer will das schon?
Die schönen Dinge allein zu erleben.
Den Schmerz allein durchzustehen,
allein durch schwere Zeiten gehen.
Wann hört es auf, dieses Fragen,
ob man alles falsch macht?
Ich will sein, wie ich bin.
Will mich nicht verstellen.
Ich weiß, ich habe meine Fehler und Schwächen,
aber die hast du doch auch.
Ich habe auch Stärken, Charaktereigenschaften,
mit denen ich andere bereichern kann.
Ich kann andere glücklich machen auf meine eigene Art.
Meine Fehler und Macken,
können dich zum Lachen bringen.
Ich bin wertvoll genau wie du.
Also!
Wieso liebst du mich nicht so wie ich bin?

– Gott liebt bedingungslos. –

Es macht mich fertig,
lässt mich nicht los.
Es ist wirklich schwer,
und es wird mir zu groß.
Ich kann es,
ich will es nicht mehr tragen.
Meine Gefühle spielen verrückt
und zu oft sie schon am Boden lagen.
Ich weiß nicht, wie lang ich das noch kann.
Es macht mir Angst,
doch irgendwann schaff ich es,
aber wann?
Dieses Dunkel halt ich nicht mehr aus.

– 2. Thessalonicher 3,3 –
Der Herr aber ist treu.
Er wird euch Kraft geben.

Ich fühle mich angenommen, bin geliebt,
wertvoll und geschätzt.
Trotz aller Trauer und dem Leid
hab ich ein Anrecht auf ein Leben mit Qualität.
Ein Leben zu führen, das sinnvoll ist und glücklich macht.
Ein Leben voller Hoffnung und mit Perspektive.
Ziele haben und sie zu erreichen.
In kleinen, aber sicheren Schritten vorwärts zu kommen.
Das Negative hinter mir zu lassen,
mich auf das Positive zu konzentrieren
und nicht dauernd alles falsch zu machen.
Es kann sich ändern, die Chance ist da!
Ich will sie nutzen,

mich reinhängen und gestärkt wieder hinauskommen.
Ich will lernen das Leben,
das mir gegeben,
wundervoll zu leben.
Die Person sein, die ich bin.
Und was mich zerstört, hinter mir lassen.
Mit Gottes Hilfe werde ich es schaffen!
Er wird mächtig sein in mir.
Seine Größe und Stärke wird durch mich leuchten.

– 2. Korinther 12,9 –
Und er hat zu mir gesagt:
Lass dir an meiner Gnade genügen,
denn meine Kraft ist in den Schwachen mächtig.
Darum will ich mich am allerliebsten rühmen
meiner Schwachheit,
damit die Kraft Christi bei mir wohne.

FREI IN SEINER LIEBE

Gnade grenzenlos.
Diese Liebe lässt mich nicht los.
Staunend stehe ich
vor meinem Gott,
Ewiglich!
Wie der Himmel unendlich,
ist seine Liebe beständig.
Ganz und gar liebt er mich,
ohne ihn bin ich nichts!
Ich erkenne,
Ich bin schuldig,
bin nicht würdig.

Bin mit gar nichts hergekommen,
doch er hat mich angenommen.
Er hat mich reich beschenkt,
und statt nichts alles geschenkt!
Auch wenn ich alleine war,
war mir klar:
Er war da.
Hat auf seinen Händen mich getragen,
weg waren alle Schmerzen, alle Klagen.
Er füllte alle Lücken,
bis in die letzten Ecken.
Zeigte seine Liebe, seine Macht,
und der Tag verbannte die Nacht.
Frei von Schuld
und Ballast
lebe ich in Freiheit,
voller Glück und Heiterkeit!

ER WIRD MICH FÜHREN

Es gibt so viel, was mich bewegt.
Dinge, die mir oftmals zu viel werden.
Manchmal bin ich komplett überfordert.
Ich weiß nicht, wie ich entscheiden soll, wie es weiter geht.
Dinge passieren und es passt nicht in meinen Plan.
Ich hab mir doch alles anders vorgestellt.
Ständig die Fragen in meinem Kopf.
Wünsche, die nicht in Erfüllung gehen.
Träume, die vor den Augen zerplatzen.
Doch bei all dem musste ich mir eingestehen:
Ich hab vergessen, Gott mit einzubeziehen.
Er hält doch alles in der Hand.

Er weiß genau, was ich jetzt brauche,
weiß genau, wohin ich geh.
Ich weiß nicht, wohin ich laufe.
Er weiß es ganz sicher.
Er macht es richtig, er macht es gut,
auch wenn ich es noch nicht sehe.
Hat den besten Plan für mich,
und auch sicherlich für dich.
Seine Wege sind perfekt,
scheint es auch mal schwer und schlecht.
Niemals lässt er mich allein.
Er führt mich über Stock und Stein.
Und im Glauben darf ich sehen,
er wird immer mit mir gehen.
Wenn auch Stürme mein Leben erschüttern,
wird er bleiben.
Und er wird mir sicher seine Wege zeigen.
Stück für Stück wird er mich leiten.
Und am Ende meines Lebens,
werde ich dann vor ihm stehen.
Ich werde sehen, was er gemacht,
und wo er mich hindurch gebracht.

AUFATMEN

Ein Leben mit Höhen und Tiefen,
oft genug mir die Tränen liefen.
Schwere lag auf meinem Herzen,
getränkt mit lauter Schmerzen.
Auf dem Weg lagen Steine,
ich musste drüber, gefühlt alleine.
Doch auch wenn es nicht einfach war,

weiß ich doch: Du warst da!
Schenktest mir die Kraft
und sagtest mir, dass ich das schaff.
Zeigtest mir meine Schwächen
und machtest Stärken draus.
Du gabst mir ein Versprechen,
und das wirst du niemals brechen.
Auf dich kann ich mich verlassen,
du bist mein Gott.
Jetzt kann ich aufatmen
Und endlich durchstarten!

VERLUST

Du bist nicht mehr da,
in meinem Herz ein Loch,
dort, wo dein Platz mal war.
Ich sage dir, du fehlst mir doch,
doch dir ist es egal.
Du bist ja nicht mehr hier bei mir.
Tränen kullern über mein Gesicht,
während ich das schreib'.
Wieso verstehst du's nicht,
wenn ich sage, bitte bleib?
Jeden Tag ein Stückchen weiter,
gehst du weg von mir.
Es wird trotzdem nicht leichter,
wäre so gerne wieder bei dir.
Ich weine, weil ich dich vermiss',
doch eines ist gewiss:
Menschen werden gehen,
mein Gott aber bleibt bestehen.

(NICHT) ALLEIN

Ich liege und starre an die Wand,
fühle mich allein, in diesem großen Land.
Habe Freunde und Familie, die sind doch da,
doch es ist nicht mehr, wie es mal war.
Meine Gefühlswelt ist gebrochen,
wie im Bein ein großer Knochen.
Schmerzen, die ich vorher nicht kannte,
sind nun mehr als nur Verwandte.
Sie sind ein Teil von mir.
Und oft ist es unerträglich, das sag ich dir.
Kein Ibuprofen, kein Novalgin
helfen zu lindern, was in mir drin.
Gedanken fressen sich hinein,
sie sind dunkel, doch ich will Sonnenschein.
Kämpfen ist so schwer,
manchmal kann ich einfach nicht mehr.
Ich versuche es allein,
und denke, niemand hört mein Schrei'n.
Wie so oft hab ich vergessen,
ich muss mich selber nicht so stressen.
Ich bin doch nicht allein,
Gott will doch bei mir sein.
Wieso schalte ich immer auf stur,
Gott sagt doch: »Verlasse dich nur.
Ich kann dir helfen und dich tragen,
gib mir die Sorgen, die dich plagen.
Ich bin größer als jedes Problem
und kann auch in die Zukunft seh'n.
Ich weiß, was für dich ist gut,
und ich schenke neuen Mut.
Darum, mein Kind, verzage nicht!«
Denn Gott hält, was er verspricht.

Ich verliere die Kontrolle,
liege am Boden.
Ich kann nicht mehr.
Tief in mir ein stechender Schmerz,
doch sonst ist es leer.
Es tut weh.
Es brennt wie ein heißes Eisen auf der Haut.
Grausam, wie alles, was gut ist, in solchen Momenten stirbt,
wie nur noch die Angst und der Schmerz hervorsticht,
der sich sonst verbirgt.
Ein Kloß im Hals,
doch ich kann nicht weinen.
Ich will schreien,
doch ich bleibe stumm.

– Hiob 19,24 –
Doch ich weiß:
Mein Erlöser lebt
und als der letzte wird er
über dem Staub stehen.

WARUM?

So viele Gedanken quälen meinen Kopf.
Gute Gedanken, schlechte Gedanken,
relevante und irrelevante.
Ich weiß nicht, wo ich anfangen soll sie auszupacken
und vor mir auszubreiten, um mich zu verstehen.
Um mich zu verstehen,

um zu verstehen,
wieso ich so handele, wie ich es tue,
rede, wie ich es tue
und warum ich bin wie ich bin.
In meinem Kopf schwirrt die große Frage
nach dem Warum.
Warum leide ich so?
Warum geht es mir nicht besser?
Und warum muss immer irgendetwas passieren?
Ich wäre so gerne sorgenfrei.
Ich würde gerne schmerzfrei leben.
Würde gerne den Sinn erkennen.

—

Gott macht alles neu!
Er gibt mir Sinn!
Und er versteht mich, selbst wenn ich es einmal nicht tue.
Aus einem Warum macht er ein Darum.
Und aus einem Wieso ein Deswegen.
Er hat einen Plan.

WILLKOMMEN DEPRESSIONEN

So lange waren meine Gefühle positiv.
Ich war voller Elan,
und Freude sprudelte nur so aus mir heraus.
Jetzt sitze ich hier,
fühle mich vollkommen leer.
Traurigkeit und Stille in mir.
Ich habe nicht einmal das Bedürfnis zu schreien,
oder gar zu weinen.
Unendliche Tiefe,
Dunkelheit hüllt mich ein.

Verzweifelt suche ich nach Licht und Wärme.
Ich finde nur Finsternis und Kälte.
Der Wunsch, nicht mehr zu existieren, wächst.
Ich schüttele mich,
doch er fällt nicht ab,
sondern klammert sich noch fester
in die vorhandene Dunkelheit.
Ich wäre gerne an einem schöneren Ort,
mit mehr Licht, Wärme und mehr Zuversicht.
Angst macht sich in mir breit.
Wird es jemals besser?
Werde ich das alles überwinden?
Werde ich mich selber finden,
mich komplett fühlen
und nicht mehr an mir selbst zweifeln?
Ich falle!
Aber niemals tiefer als in Gottes Hand!
Ich flehe um Hilfe und Hilfe kommt.
Aus meinem Tiefpunkt und meiner Einsamkeit
zieht Er mich raus.
ER, der Gott des ganzen Universums,
nimmt sich meiner an.
Er kümmert sich um mich.
Er sieht mich an und wendet sich nicht ab.
Aus all dem Schlechten
wird er das Beste für mich machen.

TAGESABLAUF

Jeden Morgen die Qual aufzustehen.
Wieder zu leben, zu atmen und zu spüren.
Sich jeden Morgen zu überwinden,

wieder zu kämpfen.
Alles, was man vergessen wollte,
wieder zu sehen.
Die Schmerzen,
wieder zu fühlen.
Wieder und wieder gegen verschlossene Türen zu rennen
und nicht aufzugeben.
»Kämpf weiter, gib nicht auf!«, sagen sie alle.
Doch sie wissen gar nicht, was es für mich bedeutet,
wieder aufzustehen,
wieder zu kämpfen
und am Ende doch zu verlieren.
Wieder zu fallen und mich wieder zu verletzen.
Das einzige was ich will,
ist morgens in meinem Bett zu bleiben,
mich dort unter meiner Decke zu verkriechen
und nie mehr in die Realität zurückzukehren.
Nie wieder der Gefahr begegnen,
dass Menschen mich verletzen und zerstören.
Doch wenn ich den Tag überstanden habe,
muss ich abends meine Augen schließen,
dann quälen mich meine Gedanken,
lassen mich verrückt werden
und bringen mich um meinen Verstand.
Den ganzen Tag gekämpft und es geht weiter.
Wieder gegen diese Gedanken angehen,
versuchen, sie zu besiegen.
Doch wenn ich all das überwunden habe,
dann geht es am nächsten Morgen erneut los.
Eine nicht enden wollende Tortur.
Kräftezehrend und zerstörend, dieser Kreislauf.

– Johannes 16,33 –
In der Welt habt ihr Angst;
aber seid getrost, ich habe die Welt überwunden.

LICHT

Frei!
Endlich frei von all den Gedanken.
Frei von all dem Negativen.
Endlich sehe ich Licht.
Hoffnung und Freude.
Und trotzdem Gleichgültigkeit,
denn die Probleme sind mir egal!
Ich lebe im Hier und Jetzt.
Konzentriere mich auf den Moment.
Denke nicht an gestern,
noch an morgen.
Ich bade in Gottes weißem Licht.

SPAZIERGANG MIT MEINEM GOTT

Raus aus dem Haus,
raus aus den immer enger werdenden Wänden.
Hinein in das Erlebnis mit meinem Gott.
Ununterbrochene Kommunikation,
ganz ohne Störfaktoren,
ganz offene Ohren,
nur für ihn.
Ich lasse mich leiten,
auch wenn es mal steinig ist.
So wird er meine Hand doch halten
und mich weiterhin begleiten.
Ich genieße die Stille
nicht mehr mein, sondern sein Wille.
Fühle mich geborgen,
denn er trägt Kummer und Sorgen.

Das Gespräch zwischen ihm und mir,
hab ich in der Bibel auf Papier,
damit ich es nie mehr verlier.
Er sagt mir, dass er mich liebt
und dass er den Tod besiegt.
Wenn er will, bin ich dann seins.
denn verlieren will er keins.
Ich falte meine Hände
Und bete das Gebet zu Ende.
Öffne meine Augen
und kann es kaum glauben.
Er der König aller Welt
ist doch wirklich alles was zählt.

LEER?

Kälte, die alles in mir einfriert.
Leere, in der sich meine Seele verliert.
Angst vor dem, was ich nicht kenne,
vor Problemen, die ich nicht beim Namen nenne.
Ein großes Fragezeichen in meinem Denken,
ich kann meine Gefühle nicht mehr lenken.
Es brennt und schmerzt tief in mir drin.
Ob ich noch am Leben bin?
Wasser sammelt sich in meinen Augen,
salzig, die Tränen wollen mir mein Gesicht rauben.
Wollen meine Fassade sprengen,
mich einengen.
Sagen, wie ich fühle,
bevor ich unterkühle.
Sie laufen heiß über meine Wange
brennen sich hinein, wie das Gift einer Schlange.
Ich fühle mich gebrochen,

als wäre ich am Boden gekrochen,
als wäre ich so klein
wie ein Stein,
der doch nichts kann,
außer dazuliegen dann und wann.

– 5 Mose 31,8 –
Der HERR aber, der selber vor euch hergeht,
der wird mit dir sein und wird die Hand nicht abtun
und dich nicht verlassen.
Fürchte dich nicht und erschrick nicht!

SCHMETTERLING

Wie ein Schmetterling so leicht,
bin ich wenn, die Sorge weicht.
Kunterbunt und spritzig,
manchmal sogar witzig,
leb ich dann das Leben,
das mir von Gott gegeben.

WELLEN

Ich ertrinke,
versinke,
in einem Meer der Ängste
als wär es das Wichtigste.
Wellen schlagen über mir zusammen;
ich will mich an etwas klammern,

doch weit und breit keine Rettung in Sicht.
So sterben will ich doch nicht.
Will nicht an den Problemen ersticken,
ich will meine Seele flicken.
Doch ohne Hilfe, sag mir wie,
das schaffe ich doch wirklich nie.
Ich brauche Gott, den größten,
mit ihm schon die Israeliten Probleme lösten.
Denn er ist Jahwe.
Und er war, er ist, und er wird sein.

MISSVERSTANDEN

Ich werde nicht verstanden.
Keiner will es verstehen.
Am liebsten würde ich landen
auf dem Mond, um zu entfliehen.

Der Kopf, der spielt verrückt.
Der Körper macht nicht mehr mit.
Es ist doch so verzwickt,
ich will das alles nicht.

Doch damit nicht genug,
die Menschen sind's, die so tun,
als würden sie es besser wissen
und weinen selber in ihr Kissen.

Niemand, der das versteht,
was in mir so drin ist
und was da alles so abgeht
und was sich so in mich hineinfrisst.

Ich fühle mich so missverstanden,
wirklich nicht für voll genommen.
Wieso will es niemand ernst nehmen,
was da wirklich ist.

Der einzige, der versteht,
was du durchmachst
und was in dir abgeht
ist Jesus.

Die Tränen fließen über mein Gesicht,
endlos, manche langsam, manche schnell.
Auf den Knien steh ich vor deinem Angesicht,
du machst mein Dunkel wieder hell.
Ich bin sündig und du gerecht,
und trotzdem willst du bei mir sein,
obwohl du gut bist und ich schlecht.
Und ich fühle mich trotzdem so allein.
Da legst du deinen Arm um mich
und wischst mir meine Tränen weg.
Ja, hier bin ich, Herr, ich liebe dich.
Und du ziehst mich aus dem Dreck,
denn du liebst mehr als ich
und du liebst ewiglich.

Mein Herz ist voll, doch womit?
Ist es gefüllt mit der Welt,
damit jeder was von mir hält?
So oft hinterfrage ich mich,
Brennt mein Herz nur für dich?
Und immer wieder mal, so eine Qual
weiß ich: Es ist so nicht.
Oft sind böse und unreine Gedanken in meinem Kopf,
Ehre, Ruhm und Anerkennung dir zum Trotz.
Unwohl fühl ich mich dabei,
doch ich denk, dass es nicht so sei.
Ich denk und denk und vergesse zu fragen,
was du, Herr, denkst.
Was du denkst und wie du lenkst.
Nie kann ich leben aus eigener Kraft und Rechenschaft.
Niemals kann ich gut handeln aus mir heraus.
Doch ich nehm's in Kauf, all das Schlechte,
nur um keine Schwäche zu zeigen,
zu zeigen, ich kanns allein und brauche niemanden,
der mir hilft oder der mich halten muss.
Was ein Stuss.
Gar nicht wahr all das Gedachte.
Bin verloren ohne Gott, der mich machte.
Doch um das zu sehen,
musste ich mir eingestehen:
Ich bin schwach und ohne Kraft.
Nur Jesus hat mich stark gemacht.
Reuevoll geh ich auf die Knie
So tief war ich schon und wie.
Die Welt hat mir doch nichts gegeben
und trotzdem wollt ich nicht mit Gott leben.
So stur und dumm, sowas zu denken,
zu denken,
man könnte sein Leben selber gut lenken.

Philip Zurbuchen
Von Gott berufen
Seinen Willen für mein Leben
erkennen

Paperback, 199 Seiten
Betanien Verlag
ISBN 978-3-945716-57-1
9,90 Euro

Berufung von Gott – was bedeutet das? Ist es nicht be-
eindruckend, wenn ein Missionar erzählt, wie deutlich
Gott ihn in seinen Dienst geführt hat? Hat nicht jeder
Christ eine besondere Berufung, einen besonderen und
ganz persönlichen Plan, den Gott in seinem Leben um-
setzen will? Aber wie erkennt man Gottes Führung, seinen Willen für mein Leben, wie hört man seinen Ruf?
Philip Zurbuchen hat die Bibel gründlich zum Thema »Berufung« untersucht und viel Erhellendes und
Herausforderndes entdeckt. Auf sehr praktische und
lebensnahe Weise macht der junge Autor klar, wie wir
unsere Berufung finden und eben können.

»Die Bibel nimmt uns mit auf eine faszinierende Reise,
weg von uns selbst, zu dem Berufenden und seinem
Tun, seinem Wesen und seinen Eigenschaften.«

Glenda Revell
**Ungewollt
und doch geliebt**
Wie Gott mich durch Leid
und Ablehnung führte

Paperback, 126 Seiten
Betanien Verlag
ISBN 978-3-935558-94-5
4,90 Euro

Die bewegende Geschichte von Elisabeth Elliots »Adoptivtochter«: Glenda durchlebte eine schlimme Kindheit mit einer ganzen Palette an schrecklichen Erfahrungen: sexueller Missbrauch, Ablehnung durch die alkoholsüchtige Mutter, Selbstverletzung, Magersucht etc. Zwar geht sie zu einer Methodistenkirche, hört dort aber nicht das Evangelium. Trotz allem sieht sie sich nicht als Opfer, sondern versteht, dass auch sie ein unwürdiger Sünder ist und trotz ihres Leids Vergebung und Errettung braucht. Schließlich kommt sie durch ein Traktat zum Glauben, verschlingt die Bibel und erfährt die Fülle von Gottes Gnade und Segen.

Das Buch ist sehr evangelistisch, aber auch seelsorgerlich wertvoll. Und nicht zuletzt ist es eine bewegende Geschichte, die jedem Leser die Gnade Gottes groß macht.

Nigel Beynon &
Andrew Sach
Tiefer graben
Werkzeuge, um den Schatz
der Bibel zu heben

Paperback, 176 Seiten
Betanien Verlag
ISBN 978-3-945716-49-6
11,90 Euro

»Auf so ein Buch habe ich jahrelang gewartet: ein ein-
faches und praktisches ›How-to‹-Handbuch für das
persönliche Bibelstudium. Anspruchsvolle Werke für
Akademiker und Theologen gibt es reichlich, aber gebraucht wird ein Buch, das man normalen und jungen
Christen an die Hand geben kann, die Hilfe brauchen,
um die Bibel richtig zu verstehen. Die Autoren haben
hervorragende Arbeit geleistet. In diesem Buch stellen
sie 16 grundlegende Werkzeuge des Bibelstudiums vor,
mit deren Hilfe wir die Bedeutung der Bibel entdecken
können. Dabei schreiben sie in einem lebendigen Stil,
der simpel ist, aber nicht simplifiziert, tiefgründig, aber
niemals weitschweifig oder langweilig. Dieses Buch
wird allen, die es lesen, anwenden und seine Lektionen
anderen vermitteln, helfen, das wahre Wort Gottes zu
hören und zu verstehen. Nichts braucht die Gemeinde
von heute dringender als das.« (Vaughan Roberts)